Klosterdreieck Ratzeburg – Rehna – Zarrentin: Pilgern mit Hund rund um den Schaalsee und über die einstige innerdeutsche Grenze

Christian Hottas

Klosterdreieck Ratzeburg – Rehna – Zarrentin

Pilgern mit Hund rund um den Schaalsee und über die einstige innerdeutsche Grenze

Christian Hottas

Impressum

Bibliografische Information der Deutschen Nationalbibliothek: Die Deutsche Nationalbibliothek verzeichnet diese Publikation in der Deutschen Nationalbibliografie; detaillierte bibliografische Daten sind im Internet unter dnb.dnb.de abrufbar.

Verlag: BoD • Books on Demand GmbH, In de Tarpen 42, 22848 Norderstedt

Druck: Libri Plureos GmbH, Friedensallee 273, 22763 Hamburg

ISBN: 978-3-7597-6965-7

INHALTSVERZEICHNIS

Wanderweg Klosterdreieck
Alternativstrecken
Badestellen
Bootsverleih
Schifffahrt
Rehna
Groß Rönz
Bülow
Nesow
Demern
Holdort
Schlagsdorf
Groß Molzahn
Röggeliner See
Schlagbrügge
Röggelin
Mechow
Dechow
Breesen
Ratzeburger See
Groß Thurow
Klein Thurow
RATZEBURG
Dutzow
Mustin
Sandfeld
Kittlitz
Kneese
Salem
Dargow
Bernstorf
Hakendorf
Schaal-
Sterley
Stintenburger Hütte
Seedorf
Zickermin
Lassahn
Hollenbek
Hakendorf
Techin
see
Klein Zecher
Neuhof
Zarrentin
Bantin
Schaalmühle

EINLEITUNG

Das Klosterdreieck Ratzeburg – Rehna – Zarrentin fiel mir erstmals im Mai 2022 auf den Internetseiten „Pilgern im Norden" der Nordkirche Hamburg bzw. Mecklenburg-Vorpommern auf. Damals wie heute waren bzw. sind die im Web verfügbaren Informationen sehr spärlich, so dass dieser sehr reizvolle Pilgerweg im Osten meines Wohnortes Hamburg sehr lange ein Schattendasein in meinen Pilgerplanungen führte.

Dabei bleibt es auch bis Mitte April 2024. Da sind unser Hund und mein stetiger Begleiter Kito und ich eigentlich als Pilger von Bielefeld nach Aachen unterwegs. Die Abschnitte von Zuhause in Hamburg nach Kloster Mariensee und von dort nach Bielefeld waren wir bereits 2022 bzw. 2023 gegangen. Bis zum Ende des Ostwestfälischen Jakobswegs in Soest ist 2024 alles super. Aber auf dem Jakobsweg von Corvey nach Aachen, den wir dann ab Soest gehen, erwischt uns an Tag 4 sechs Kilometer vor Werl ein heftiges Unwetter mit orkanartigem Wind, Starkregen, Hagel und Gewitter und dies alles bei einstelligen Plusgraden. Und als es am Dienstag andauernd weiterregnet und Kito versucht, in jedem Hauseingang Schutz zu suchen, beschließe ich, abzubrechen und mit der Bahn heimzufahren. Die letzten neun Tagesetappen dieses Wegs werden wir irgendwann bei besserem Wetter gehen.

Da aber das Wetter im Norden in den nachfolgenden Tagen besser werden soll, kommt plötzlich das Klosterdreieck wieder ins Spiel. Meine Vorbereitung ist denkbar kurz: Ich sichte rasch meine archivierten Informationen und recherchiere den Rest nach.

In Rehna gibt es seit 2022 eine Pilgerherberge, in der wir am Sonntag, dem 21.04.2024, übernachten können, und auch Pastor Jürgen Meister in Zarrentin, in dessen Gemeindehaus die folgende Nacht geplant ist, gibt uns spontan „grünes Licht".

Also werden Kito und ich am Sonntagmorgen per Auto nach Ratzeburg fahren und von dort mit kleinem Gepäck für nur drei Tage starten. Der Rucksack ist noch halb gepackt, und für nur drei Tage benötigen wir beide nicht viel.

Gute Markierungen auf dem Nonnenweg zwischen Rehna und Zarrentin

ENTSTEHUNGSGESCHICHTE DES KLOSTERDREIECKS ALS PILGERWEG

Das Klosterdreieck auf den mittelalterlichen Spuren des Mönchs Ernestus (dem das Kloster Rehna seine Entstehung zu verdanken hat), mit dem Nonnenweg und dem Bischofsweg konnte in seiner aktuellen Form erst nach der Wiedervereinigung realisiert werden. Schließlich kreuzt die Strecke doch mehrfach die einstige innerdeutsche Grenze

Offenkundig war die Gründung des Klostervereins Rehna e.V. im Jahr 1998 die Initialzündung für die Entstehung dieses Pilgerwegs, der keine historischen Wurzeln hat.

Primär engagiert sich der Klosterverein seit 1998 für den Erhalt und eine vielfältige, zeitgemäße Nutzung der Klosteranlage Rehna. Mit viel Einsatz und Enthusiasmus wurde zunächst der ungenutzte Kreuzgang entrümpelt und dort ein Museum eingerichtet, wurde die Kirche auch an den Wochenenden geöffnet und wurde ein ehemaliger Kohleschuppen zur Kloster- und Stadtinformation ausgebaut. So entstand nach und nach ein zentral gelegener Anlaufpunkt und Veranstaltungsort.

Seit 1999 gibt es das Klosterfestival, das alle zwei Jahre – 2023 bereits zum 13. Mal – Urlauber und Einheimische zu Kunst, Theater, Tanz, Gaukelei und mehr einlädt. Und 2004 wurde der Klostergarten mit einer Fülle von Heilpflanzen, Blumen und Kräutern in der Tradition Hildegards von Bingen neu angelegt.

Zwischen 2004 und 2007 (Informationen zur Planung, Realisierung und feierlicher Eröffnung sind im Web nicht zu finden) entstand als erster Teil des Pilgerwegs der **Mönch-Ernestus-Weg** zwischen Ratzeburg und Rehna. Der **Nonnenweg** von Rehna nach Zarrentin und der **Bischofsweg** von Zarrentin nach Ratzeburg folgten später.

Bei meiner ersten Recherche ergab ein Anruf am 8. Juni 2022 in der Kloster- und Stadtinformation Rehna, dass es *„aktuell noch keine Pilgerpässe“*, Pilgerurkunden oder Pilgerunterkünfte in Gemeindehäusern gäbe. Diese Punkte seien bislang alle noch in der Planung.

Knapp zwei Jahre später, am 18. April 2024, gibt es zwar immer noch keine eigenen Pilgerpässe, Pilgerurkunden oder Stempelstellen, aber immerhin seit 2022 eine **Pilgerherberge in Rehna.**

Übrigens: Die <u>**Schreibweisen „Klosterdreieck“ und „Kloster-Dreieck“**</u> werden auch in offiziellen Texten nebeneinander verwendet. Ich habe mich, nachdem ich zunächst ebenfalls beide Versionen verwendet hatte, nachträglich für die Variante „Klosterdreieck“ entschieden und meinen Text entsprechend vereinheitlicht.

RATZEBURG

Ratzeburgs Geschichte ist lang, interessant und äußerst kompliziert. Das liegt unter anderem auch daran, dass Ratzeburg als Bischofsstadt eine Zeitlang Hauptstadt des Hochstifts Ratzeburg, also eines Fürstbistums, war.

Die Anfänge der Stadt gehen auf das früheste 11. Jahrhundert zurück. Der ursprüngliche Ortsname *Racesburg* verweist auf den Polaben-Fürsten Ratibor (Ratse). Die Christianisierung der damals slawischen Stadt gelang erst im dritten Anlauf. Die Gründung der Stadt und des Bistums erfolgte 1154 durch den sächsischen Herzog Heinrich den Löwen.

Als ersten Bischof setzte Heinrich den Abt des Prämonstratenserstifts Unserer lieben Frauen in Magdeburg, Evermond, ein. Papst Hadrian IV. bestätigte 1156 die Neugründung des Bistums.

In der Zeit von 1230 bis 1648 war das Bistum Ratzeburg Hochstift (also Fürstbistum), womit der jeweilige Ratzeburger Bischof als Reichsfürst agierte. Im Westfälischen Frieden von 1648 (also nach der Reformation) wurde das Hochstift dann zum Fürstentum Ratzeburg umgewandelt und dem Haus Mecklenburg zugesprochen, das bereits die letzten Administratoren des Hochstifts gestellt hatte. Bei der Teilung des Herzogtums Mecklenburg gelangte es in den Besitz des (Teil-)Herzogtums Mecklenburg-Strelitz. Damit erlangte auch diese jüngere Linie des Hauses Mecklenburg Sitz und Stimme im Reichsfürstenrat.

Im Gegensatz zum Hochstift und zum Domhof Ratzeburg gehörte die Stadt Ratzeburg territorial zum Herzogtum Sachsen-Lauenburg (ab 1815 Herzogtum Lauenburg, ab 1865 preußische Provinz Lauenburg). Erst mit dem Groß-Hamburg-Gesetz 1937 wurden alle Flächen in Lauenburg zusammengeführt.

Der Ratzeburger Dom wurde von Heinrich dem Löwen als Bischofskirche gestiftet und ist der älteste der vier sogenannten

„Löwendome" (die anderen drei sind in Schwerin, Lübeck und Braunschweig). Die Grundsteinlegung erfolgt am 11. August 1154. Die Bauarbeiten am Chor begannen 1160. Vollendet wurde der Dom 1220. Nachfolgend (von 1251 bis 1300) wurden noch der Kreuzgang und das Kapitelhaus der Prämonstratenser-Domherren angebaut und 1380 schließlich die sogenannte Lauenburger Kapelle.

Entsprechend der religiösen Herkunft des ersten Ratzeburger Bischofs, war auch das Domkapitel auf die Besonderheiten des Prämonstratenser-Ordens ausgerichtet, der ein Priester- und kein Mönchs-Orden ist und der der Augustinus-Regel folgt.

Dabei war die Anzahl der Domherren zunächst auf den Propst sowie zwölf Kanoniker (Priester) limitiert, später auf maximal 25, von denen 16 Priester und je vier Diakone und Subdiakone sein sollten. Diese Zahl wurde jedoch nur kurz erreicht. Meist waren es 14 bis 16 Domherren, von denen die meisten den adligen Familien Mecklenburgs und Lauenburgs entstammten.

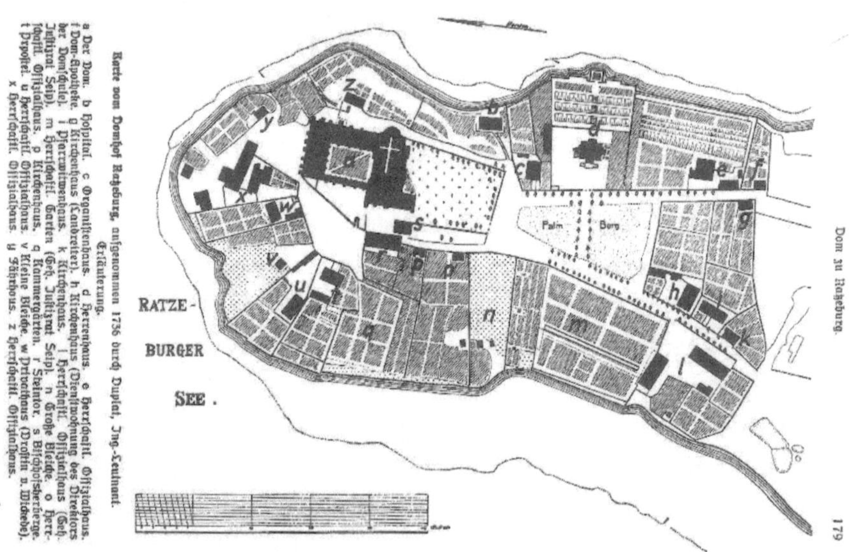

Domhof Ratzeburg, nicht genordete Karte von 1706, Pierre Joseph du Plat, Quelle: Wikipedia

Ratzeburger Dom

Braunschweiger Löwe am Ratzeburger Dom

Das Domkloster wurde 1504, also nach 254 Jahren, geschlossen, als das Domkapitel den Prämonstratenser-Orden verließ. Die nächsten 341 Jahre, bis 1845, wurden die Gebäude dann als humanistisch-christliches Gymnasium genutzt und bis 1849 als Lauenburgische Gelehrtenschule. Letztere zog 1849 in das heutige Rathausgebäude um.

Die Nutzung während der folgenden einhundert Jahre konnte ich nicht eruieren.

Von 1950 bis 1972 war hier die evangelische Heimvolksschule untergebracht und von 1972 bis 1974 die Spätaussiedlerschule des Diakonischen Werks Rendsburg. Von 1977 bis 1979 dienten die Gebäude als Freizeitheim der Domgemeinde für Bildung und Meditation, danach bis 1989 wieder als evangelisches Domkloster. Seit 1990 ist hier das Pastoralkolleg sowie das Prediger- und Studienseminar der Nordelbischen Kirche (jetzt Evangelisch-lutherische Kirche in Norddeutschland, kurz: Nordkirche) beheimatet.

im Kreuzgang des Domklosters

REHNA

Rehna wurde um 1150 von Siedlern aus dem hessischen Rhena gegründet. Die erste Kirche des Ortes wird bereits um 1230 im Ratzeburger Zehntregister aufgeführt, das die damals zum Bistum Ratzeburgs gehörenden Ortschaften, nach Kirchspielen geordnet, auflistet. Diese Zuordnung galt jedoch nur kirchenrechtlich. Territorial gehörte Rehna nie zum Hochstift Ratzeburg bzw. dem nachfolgenden Fürstentum Ratzeburg (als Teilgebiet des Herzogtums Mecklenburg-Strelitz), sondern zum Herzogtum Mecklenburg(-Schwerin) und war bis 1918 als Landstadt im Landtag der Städte Mecklenburgs vertreten.

Im Jahr 1230 wählt der Mönch Ernestus Rehna aus, um hier ein Nonnenkloster zu gründen. Das genaue Gründungsjahr dieses Klosters ist nicht belegt und liegt zwischen 1230 und 1236. Das Kloster gehörte kirchlich zum Bistum Ratzeburg, das seinerseits – ebenso wie die Bistümer Schwerin und Lübeck – dem Erzbistum Bremen unterstellt war. Territorial lag es indessen in Mecklenburg.

Erster gesicherter Beleg ist die feierliche Bestätigung des Klosters durch den Ratzeburger Bischof Ludolf I. vom 26. Dezember 1237. Es war der Gottesmutter Maria sowie der bereits kurz nach ihrem Tod 1231 heiliggesprochenen Elisabeth von Thüringen geweiht.

Von Beginn an wurde das Kloster Rehna mit zahlreichen Ländereien ausgestattet, so unter anderem 1237 von Gottfried von Bülow. Dieser wird als *Godofridus de Bulowe* 1229 erstmals und von 1239 bis 1255 weitere 24mal als Ritter urkundlich erwähnt. Mit ihm beginnt die gesicherte Stammreihe der uradligen Familie von Bülow, die später in den Herzogtümern Mecklenburg-Schwerin, Mecklenburg-Strelitz, Schleswig, Holstein und Lauenburg reich begütert wurde. Bis 1945 waren alleine in Mecklenburg 110 Burgen, Güter und Dörfer zumindest zeitweise im Besitz der Familie von Bülow, deren

Stammsitz der gleichnamige Ort westlich von Rehna ist. (Dieser liegt übrigens auf der Pilgerweg-Route von Ratzeburg nach Rehna.)

1254 wurde der Bau des Kreuzgangs zwischen Kirche und Kloster begonnen. Weiterer Landerwerb durch Schenkungen und Zukäufe machte das Kloster zunehmend reicher und bekannter.

Interessant ist die Frage, warum das Nonnenkloster in Rehna zunächst als Benediktinerinnenkloster gegründet wurde, obgleich das Domkloster Ratzeburg doch dem Prämonstratenserorden angehörte. Möglicherweise hätte eine Gründung als Prämonstratenserinnenkloster im territorialen „Ausland" als Provokation missverstanden werden können. Erst ab 1319 wird das Kloster Rehna erstmals als dem Prämonstratenserorden zugehörig benannt. Im 14. und 15. Jahrhundert ist es eines der reichsten und einflussreichsten Klöster Mecklenburgs. Zahlreiche (oft dem Reichsadel angehörende) Patrizierfamilien Lübecks förderten das Kloster durch reiche Schenkungen und ließen zugleich hier ihre Töchter erziehen. Auch die Mecklenburger Herzogsfamilie bedachte das Kloster mit Schenkungen und Schutzbriefen. Diese Zeitspanne war zweifellos die wirtschaftliche und politische Blütezeit des Klosters Rehna.

Gegen Ende des 15. Jahrhunderts gab es im Kloster Rehna – wie in vielen anderen deutschen Klöstern – den Trend, die klösterlichen Regeln weniger streng zu leben. Dies betraf insbesondere das Gebot der persönlichen Armut. Hier in Rehna konnten die Chorfrauen erben und vererben und somit durchaus persönliche Reichtümer besitzen. Entsprechende Reformbestrebungen, dass der persönliche Besitz der Nonnen in Klostereigentum übergehen solle, stießen vor allem bei den wohlhabenden Lübecker Kaufmannsfamilien, deren weibliche Mitglieder dem Kloster angehörten, auf Ablehnung.

Als sich auch der Mecklenburger Herzog Magnus II. in diesen Streit einschaltete, entsandten die Lübecker Kaufmannsfamilien ab 1501 keine Töchter und Chorfrauen mehr nach Rehna, sondern gründeten stattdessen das Lübecker St. Anna Kloster.

Nordflügel des Kreuzgangs, heute Teil des Museums

Altar der Klosterkirche

Nachdem das Ratzeburger Domkloster, mit dem das Kloster Rehna eng verbunden war, 1504 ein Säkularkapitel wurde, endete auch die Zugehörigkeit des Rehnaer Klosters zum Prämonstratenser-Orden. Stattdessen wurde es um 1518/1519 nun ein Zisterzienserinnenkloster.

Ich habe bislang nicht in Erfahrung bringen können, ob die Änderung von den eher extrovertierten Augustinischen Regeln der Prämonstratenser zu den strengeren, introvertierten Benedikt-Regeln der Zisterzienser nur eine Folge der jahrzehntelangen Reformdiskussionen hin zu einer strengeren Klosterordnung war oder auch ein Zeichen gegen die beginnende Reformationsbewegung.

1552 wurde das Kloster dann im Zuge der Reformation aufgelöst. Bis Anfang des 18. Jahrhunderts gehörte der Besitz zur Versorgung (Leibgedinge) der Herzogswitwen und Prinzessinnen Anna Sophia von Preußen (bis 1591), Sophia von Schleswig-Holstein-Gottorf (bis 1631), Anna Sophia (bis 1648) und Juliane Sibylla (bis 1761).

In der Folgezeit wurden die vorhandenen Gebäude meist als Amtsgebäude genutzt, während die Kirche nach der Auflösung des Klosters wieder Gemeindekirche wurde, wie sie dies ja auch vor der Klostergründung bereits war.

Vom Kloster erhalten sind heutzutage die spätromanische Kirche, der Arkaden- bzw. Kreuzgang, der das sehenswerte Klostermuseum beherbergt, und das als Amtsgebäude genutzte Langhaus. Der 300 qm große Klostergarten wurde erst im August 2004 wiedereröffnet.

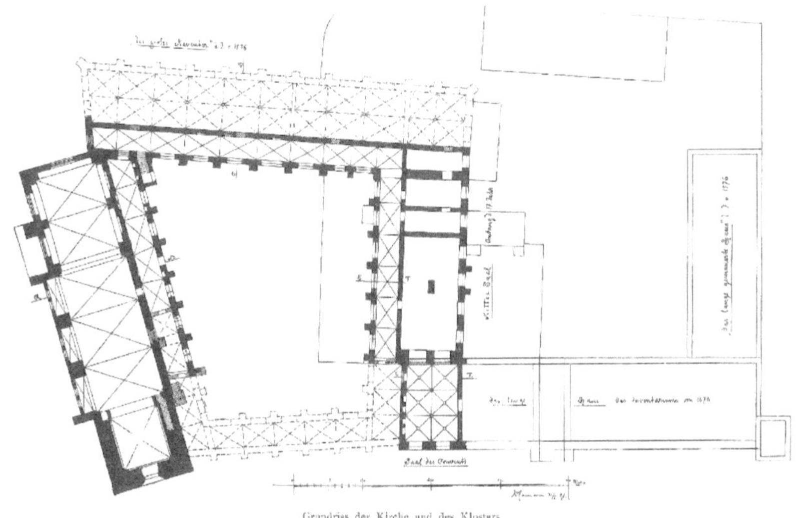

Lageplan des Klosters Rehna 1897, Quelle: Wikipedia

Klosteransicht von Nordosten

ZARRENTIN

Der ursprünglich slawische Ort Zarrentin wurde – nach der Unterwerfung der Slawen 1139/1143 – erstmals im Jahr 1194 als bereits deutsches Dorf namens *Zarnethin* erwähnt. Der Ort sowie seine romanische Feldsteinkirche gehörten kirchlich und territorial zum Bistum Ratzeburg und wurden 1230 (ebenso wie Rehna) im Ratzeburger Zehntregister gelistet. Territorial gehörte der Ort indessen ab 1227 zur sächsischen Grafschaft Schwerin und ab 1358 zum Herzogtum Mecklenburg.

1246 wurde das Zisterzienserinnenkloster von der Gräfin Audacia und ihrem Sohn, dem späteren Grafen Gunzelin III., gegründet, allerding nicht in Zarrentin, sondern zunächst im Raum Neustadt-Glewe. 1251 wurde es dann durch einen Gebietstausch nach Zarrentin verlegt und die Klosterstiftung vom Ratzeburger Bischof Friedrich bestätigt. Der 1255 von Papst Alexander IV. in einem Schutzbrief verliehene Name *„Himmelspforte"* dagegen setzte sich nicht durch und geriet in Vergessenheit. Gleichwohl taucht er auf der aktuellen Internetseite des Klosters (www.kloster-zarrentin.de) wieder auf.

Im Vergleich zu anderen Klöstern der Region konnte das Kloster Zarrentin an Besitz und Einfluss nur bedingt mithalten. Wie das Kloster Rehna war es den Töchtern Lübecker Patrizierfamilien und der Mecklenburger Fürsten- und Adelsfamilien vorbehalten. 1553 wurde es von Herzog Johann Albrecht von Mecklenburg aufgelöst und sein Vermögen dem Domanium, also dem herzoglichen Besitz, zugeordnet. Die damaligen Nonnen wurden abgefunden und behielten darüber hinaus lebenslanges Wohnrecht.

Die Klosterkirche wurde nach der Reformation Pfarrkirche, während die übrigen Gebäude unterschiedlichen Zwecken dienten und der Süd- und der Nordflügel des einst geschlossenen Gebäudevierecks mit Kreuzgang und Nonnenfriedhof im Innenhof bereits 1576 als baufällig beschrieben und nachfolgend abgerissen wurde.

Lediglich der gotische Ostflügel hoch über dem Steilufer zum Schaalsee blieb erhalten. Er war zunächst Kornspeicher und Brauhaus, später Amtsverwaltung und Amtsgericht und beherbergt in der Gegenwart kommunale Einrichtungen wie Kindergarten, Jugendclub, Stadtbibliothek und Heimatstube. Von 1992 bis 2006 wurde er im Rahmen der Städtebauförderung umfassend saniert. Seither finden hier auch Ausstellungen, Trauungen und Empfänge statt.

der erhaltene Klostertrakt vom Seeufer aus gesehen

GESCHICHTLICHE BEZÜGE DER DREI ORTE BZW. KLÖSTER

Die historischen Verbindungen der drei Klöster zueinander sind schwer nachvollziehbar, weil offensichtlich gering. Alle drei Orte und auch die Klöster gehörten zwar kirchenrechtlich zum Bistum Ratzeburg, politisch bzw. territorial gehörten der Ort Ratzeburg zum Herzogtum Lauenburg, der Domhof mit Dom und Domkloster zum Hochstift (Fürstbistum) Ratzeburg und später zum Herzogtum Mecklenburg-Strelitz, Rehna und Zarrentin dagegen zum Herzogtum Mecklenburg-Güstrow bzw. Mecklenburg-Schwerin.

Die einzige erkennbare Verbindung ist der Mönch Ernestus, der, der Überlieferung nach von Ratzeburg kommend, 1230 das Kloster Rehna gründete.

Das Ratzeburger Domkloster war das erste Prämonstratenserkloster im Norden. Der Prämonstratenser-Orden war 1120 gegründet und 1126 bereits von Papst Honorius II. anerkannt worden. Das erste Stift des Ordens in Deutschland entstand 1122 in Cappenberg (bei Dortmund, unmittelbar am heutigen Osnabrücker Jakobsweg). Im 12. Jahrhundert übernahmen die Prämonstratenser zahlreiche Klöster anderer Orden. Aber dies war bereits mehr als ein Jahrhundert vor der Gründung des Klosters Rehna.

Ausgehend von Ratzeburg wurde das Kloster Rehna zunächst als Benediktinerinnenkloster gegründet, was wie erwähnt möglicherweise als der geringere Einfluss in das Mecklenburgische Nachbar-Territorium gedacht war. Erst ab 1319 ist Rehna dann als Prämonstratenserinnenkloster belegt. Auf jeden Fall existierte eine intensive, bis 1504 anhaltende Verbindung zwischen beiden Klöstern.

Zwischen den Klöstern Rehna und Zarrentin gibt es zwar historische Parallelen, aber keine für mich erkennbare Verbindungen,

sieht man einmal davon ab, dass beide Klöster ab 1519 Zisterzien-
serinnen-Klöster waren. Ansonsten waren sie eher Konkurrenten.

Auch Jürgen Meister, seit 23 Jahren Pastor in Zarrentin, sind
keine weiteren Bezügen zwischen den Klöstern in Rehna und Zarrentin bekannt. Das Kloster Zarrentin war eher auf seinem einstiges
Mutterkloster in Doberan ausgerichtet.

Löwenbrunnen am Ortsrand Ratzeburgs in Richtung Bäk

MÖNCH-ERNESTUS-WEG VON RATZEBURG NACH REHNA
(OFFIZIELLE STRECKENBESCHREIBUNG)

Der Mönch-Ernestus-Wanderweg von Ratzeburg nach Rehna.

Sie verlassen die ruhige **Domhalbinsel** auf der Straße Domhof, gehen am Kreismuseum im Herrenhaus und am A. Paul Weber-Museum vorbei über einen ehemaligen Grenzstein, der in das Pflaster des Gehweges eingelassen wurde. Dabei sehen Sie im Giebel des Hauses Domstraße Nr. xx noch eine Kanonenkugel, die aus der Zeit der Beschießung der Stadt durch die Dänen im Jahre 1693 stammt. Wir kommen über den Königsdamm, zum Platz am **Jägerdenkmal**. Hier biegen Sie hinter der Eisdiele ab in den Bäker Weg und genießen den Blick auf die Domhalbinsel. Sie passieren den **Löwenbrunnen** und die Freilichtbühne und folgen dem Weg am Seeufer entlang durch das **Kupfermühlental**.

Den Schildern folgen durch Bäk bis nach **Mechow**. Hinter dem Bauernhof Jansen in der Dorfmitte führt Sie eine schmale Asphaltstraße zum **Mechower See**. Die Straße wird begrenzt durch die schleswig-holstein-typischen Knicks. Ein Aussichtspunkt bietet einen Panoramablick über den gesamten Mechower See. Der Mechower See ist Brut und Rastbiotop unzähliger Wasservögel. Vom Aussichtsturm kommend in Richtung Schlagsdorf passieren Sie die Aalreuse. Diese Stelle markiert die Grenze zwischen dem Bundesland Schleswig-Holstein und Mecklenburg-Vorpommern. Über einen Hosenträgerweg (ehemaliger Kolonnenweg der Grenztruppen) erreichen Sie nun **Schlagsdorf**.

Schon von weitem ist der mächtige Kirchturm zu sehen. Dieser entstand erst im 16.Jh., die Kirche hingegen als turmloser Hallenbau im 12 Jahrhundert. Das „GRENZHUS", ein Museum und

Informationszentrum sowie ein Ort des Erinnerns und Besinnens, befindet sich in der Nähe der Kirche.

Vom **Grenzhus** geht es an der Museums Grenzanlage vorbei zum Mechower See. Hier finden Sie eine kleine Badestelle. Der Weg verläuft parallel zum See führt Sie und bis zur Chaussee nach **Schlagbrügge**. Dort angekommen gehen Sie den Waldweg bis zum Lankower See. Durch das romantische **Lankower Holz** geht es dann weiter nach **Dechow**. Hier erwartet Sie eine gepflegte Dorfanlage mit liebevoll restaurierten Bauernhäusern. Weiter geht es entlang des **Röggeliner Sees** auf der wenig befahrenen Landstraße. Nach ca. 2 km kommen Sie zum Abzweiger Demern durch den romantischen **Woitendorfer Wald.**

In **Demern** sollten Sie der liebevoll restaurierten Dorfkirche mit Holzturm einen Besuch abstatten. Einkehr für eine Pause oder Übernachtung bietet der „Alte Gutshof " in der Dorfmitte. Nun geht es auf dem Landweg in Richtung Rehna. Auf diesem Weg passieren Sie **Bestenrade.** Hier lohnt sich ein Blick in den Garten des „Holzscheitarchitekten" Ernst Schönherr.

Der Weg führt Sie weiter nach **Bülow.** Vom Zentrum des Dorfes gehen Sie über die Dorfstraße. Hinter der Nr. 13 biegen Sie rechts in den Landweg nach Rehna ein. Nach schon 300 m bietet sich Ihnen ein wunderschöner Blick auf die Stadt Rehna, eingebettet in eine sanfte Hügellandschaft im romantischen **Radegasttal.**

Besonders beeindruckend ist der Blick auf die Kirche. Folgen Sie nun dem Landweg bis nach **Rehna** und wandern Sie durch die Stadt über den Markt direkt auf das **Kloster** zu. Hier erwartet Sie die zweitgrößte Klosteranlage Mecklenburgs. Sein Gründungsjahr liegt um 1235. Das ehemalige Nonnenkloster gehörte dem Orden der Prämonstratenser an. Heute ist ein großer Teil der Anlage schon saniert, aber das karge Leben der Nonnen ist noch zu erahnen.

In der Kloster- und Stadtinformation erhalten Sie alle notwendigen Informationen zum Kloster und zur Stadt und auf Wunsch auch eine Führung. Sehenswert ist ebenfalls der Klostergarten, das "Deutsche Haus" und die vielen liebevoll restaurierten Fachwerkhäuser der Kleinstadt.

Quelle: Internetseite des Klosterdreiecks

Markierung der einstigen innerdeutschen Grenze am Mechower See westlich von Schlagsdorf

NONNENWEG VON REHNA NACH ZARRENTIN
(OFFIZIELLE STRECKENBESCHREIBUNG)

Sie verlassen die Klosteranlage nun in **Richtung Grevesmühlen**. Am Ortsausgang Höhe Friedhof biegen Sie nach rechts ab in Richtung **Benzin**. Genießen Sie die scheinbar noch unberührte Natur bevor Sie nun über eine rechter Hand liegende Holzbrücke, an den Bahnschienen und eine Feuchtwiese Nesow erreichen.

Entlang am **Gutshaus Nesow** und durch das Dorf führt Sie Ihr Weg jetzt über den Kiesweg nach **Dorf Nesow**. Weiter geht es nach **Breesen** auf dem sogenannten Hosenträgerweg. Über den Landweg geht es weiter nach **Klein Thurow**. Sie folgen dem Milchsteig nach **Groß Thurow** am landschaftlich sehr schönen **Goldensee** (Bademöglichkeit). Ab der „Alten Schule" folgen Sie dann der relativ wenig befahrenen Straße nach **Dutzow**. Auch hier befindet sich eine Badestelle. Auf dem Kolonnenweg, auf dem früher die DDR-Grenztruppen patrouillierten, wandern Sie an Magerrasen und Feuchtwiesen vorbei, bis der Weg nach links zur Ortschaft **Kneese** abbiegt. Von hier aus entdecken Sie nach einigen Metern einen Aussichtsturm direkt am Weg, von dem Sie einen Blick zurück in die Kneeser Niederung und auf den benachbarten Buchenwald, den „Dohlenwald", werfen können. Von **Kneese** folgen Sie der Hauptstraße weiter in Richtung Süden. Vorbei am **Dohlenwald** führt die Straße durch eine Allee mit imposanten alten Eichen. Nach ca. 2 km kommen Sie nach **Bernstorf**. Hier biegen Sie von der Straße nach rechts ab und gehen geradewegs durch das Dorf hindurch bis Sie wieder auf den ehemaligen Kolonnenweg treffen und nach **Hakendorf** kommen.

Dort wandern Sie auf einem Hosenträgerweg nach **Lassahn**. In Lassahn können Sie in zwei Gasthöfen Rast machen, übernachten, oder auch nur eine kleine Pause einlegen oder hinter der Kirche den wunderschönen Blick auf den Schaalsee genießen! Am Ortsausgang von Lassahn folgen Sie nicht der Hauptstraße, sondern Sie wandern auf dem „**Schulweg**", der parallel, aber abseits der Straße verläuft. In **Techin** können Sie alte reetgedeckte Hallenhäusern und Scheunen bewundern. Am Ortsende neigt sich der Weg hinunter zum Schaalsee. Entlang einer alten Feldsteinmauer und der für diese Landschaft typischen Hecken folgen Sie dem Weg und halten sich an Wegegabelungen immer links bis Sie schließlich am Ende eines Holzbohlensteges auf die Kreisstraße von Zarrentin nach Lassahn stoßen. Hier queren Sie die Straße und wandern auf dem Fahrradweg nach Süden weiter. Schon nach wenigen Metern stoßen Sie in einer Rechtskurve auf einen nach links abzweigenden Weg. Diesem leicht abfallenden Feldweg folgen Sie, bis Sie an eine kleine Holzbrücke gelangen. Nach kurzer Zeit haben Sie den **Boissower See** erreicht.

Dieser lädt mit einer kleinen Aussichtsplattform und einer Badestelle zum Verweilen ein. Vorbei an der Badestelle des Boissower Sees führt Sie der Weg bis zur Ortschaft **Boissow**. Vor der alten Schmiede biegen Sie nach links ab und erreichen schließlich auf dem Weg durch das Hammerbachtal die Häuser der Ortschaft **Bantin**. Von hier aus geht es weiter nach **Schaalmühle**.

Auf halber Strecke überqueren Sie eine still gelegte Eisenbahnlinie. Von Schaalmühle ist es nur noch ein kurzes Stück Weg, bevor Sie die ersten Häuser von **Zarrentin** im Blick haben. Der Wanderweg führt Sie nun zum **PAHLHUUS**. Das auf Stahlpfählen erbaute PAHLHUUS ist das Informationszentrum des Biosphärenreservates Schaalsee mit einer modernen Ausstellung zum Thema „Wandel". Ein Besuch lohnt sich für jede Altersgruppe. Durch die

Wolfsschlucht (Festplatz der Stadt Zarrentin am Schaalsee) führt der Weg am Badestrand vorbei, entlang der Uferpromenade zum historischen Ensemble Kloster – Kirche - Rathaus mit dem angrenzenden Heimatmuseum in der ehemaligen Klosterscheune. Das **Kloster** aus dem Jahre 1246 ist eines der wichtigsten Baudenkmäler des Landes und bietet ein einzigartiges Ambiente für Kunst und Kultur.

Quelle: Internetseite des Klosterdreiecks

BISCHOFSWEG VON ZARRENTIN NACH RATZEBURG
(OFFIZIELLE STRECKENBESCHREIBUNG)

Sie verlassen das Ensemble Kloster-Kirche-Rathaus in Zarrentin am Schaalsee und gehen weiter am See entlang durch eine Kastanienallee über einen 1911 aufgeschütteten Damm auf die **Strangenhalbinsel**. Das **Strangenmoor** wird bis zur Ratzeburger Chaussee durchwandert, von dort folgen Sie dem parallel zur Straße liegenden Wanderweg durch ein hügeliges Gelände, überqueren die Chaussee und folgen dem ehemaligen Kolonnenweg (aus der Zeit der deutschdeutschen Teilung) bis zur nächsten Weggabelung. Hier führt der Bischofsweg auf dem Zecher Damm weiter bis zur Dorfmitte von **Klein Zecher** mit einer Heilquelle. Dann geht es die Dorfstraße entlang bis zur Landstraße.

1. Variante:
Dem Weg links folgen über Hakendorf; dort rechts in die Seedorfer Str. durch die Feldlandschaft nach Seedorf.

2. Variante:
Gehen Sie gerade aus weiter, den **Seedorfer Forst** entlang, einem Buchen-Mischwald mit Altholzbeständen von bis ca. 150 Jahren, vorbei an Einzelbäumen und Knicks in Richtung Groß Zecher. Vor **Groß Zecher** folgen Sie parallel der Straße bis zur Hangkante am Schaalsee. Der Bischofsweg verläuft von hier weiter neben der Straße unterhalb eines Hanges bis **Seedorf**.

Hier gehen Sie durch den Ort bis zur Kirche, von dort zum Werder, einer Halbinsel, die den Küchensee genannten Teil des Schaalsees vom übrigen See trennt und folgen dem Weg auf dem Werder. Der **Seedorfer Werder** ist ein Naturschutzgebiet mit dicken Douglasien, alten Eichen und Buchen. Vor der Holzbrücke führt der Weg nach links über das Freizeitgelände; für einen Abstecher nach Dargow zum Aussichtsturm, einer idealen Beobachtungsmöglichkeit für Wasservögel, muss man über die Holzbrücke hinweg dem Weg bis zur Ortsmitte Dargow folgen.

Dann gehen Sie auf dem ausgewiesenen Wanderweg entlang zum Pipersee und Salemer See in Richtung **Salem**, durch den Natur-Campingplatz und über die Uferpromenade zum Ortskern Salem. Von dort geht es weiter den Dorotheenhöfer Weg / Salemer Weg entlang durch Felder und an Knicks vorbei. Z.T. säumen hohe Fichten den Weg. Hier leben Schwarzwild, Rehwild und Damwild. Es bietet sich ein Blick auf den Randbereich des **Salemer Moores**, Sie sehen Erlen-Bruchwald und Pflanzen wie Wollgras und Wasserfeder und hören die Rotbauchunke oder die Rohrdommel.

Das Wald- und Hochmoor bietet Graugänsen, Bussard, Kolkraben, Moorfröschen u.v.a.m. einen Lebensraum, es ist auch ein bevorzugtes Brutgebiet für den Kranich. Sie erreichen die Inselstadt **Ratzeburg**, Luftkurort und Kreisstadt des Kreises Herzogtum Lauenburg. Der Bischofsweg folgt nun in Ratzeburg der Seedorfer Straße nach rechts, überquert diese. Von dort geht es links in die Danziger Straße, den Eichenweg bergab, links zum Krankenhaus, dann rechts den Sandweg weiter bergab bis zum Kleinbahndamm, weiter durch den Kurpark bis zum Hotel Seegarten, dem ehemaligen Kleinbahnhof, (achten Sie auf die Wetterfahne auf dem Dach) dann über den Theaterplatz immer geradeaus, am Burgtheater mit ehemaligem Pulverkeller von 1691 vorbei. Sie gehen die Schrangenstraße entlang über den Marktplatz und weiter durch die Domstraße bis zum Dom, dessen Bau Herzog Heinrich der Löwe finanzierte. Er wurde von 1160 bis 1220 erbaut und ist einer der ältesten Backsteindome Norddeutschlands und Ratzeburgs Wahrzeichen.

Quelle: Internetseite des Klosterdreiecks

21.04.2024 – TAG 1
VON RATZEBURG NACH REHNA
(EIGENER PILGERBERICHT)

Obwohl ich gestern Abend bereits alle Packstücke bereitgelegt hatte, brechen wir heute relativ spät auf. Auf der Anreise mit dem Auto nach Ratzeburg fällt mir nach rund 15 Minuten ein, dass ich Kitos Wasserflache vergessen habe mitzunehmen. Also drehe ich um und nehme zwangsläufig 2 x 15 = 30 Minuten zusätzliche Verzögerung in Kauf. Während der Anreise überlege ich, ob die heutige lange Tagesetappe bei einem Start zwischen 11 und 12 Uhr überhaupt machbar ist. Ich entscheide mich dafür, es wenigstens zu versuchen.

Um halb zwölf parke ich mein Auto am Straßenrand direkt vor der Jugendherberge des DJH. Dies ist einer der wenigen Abschnitte im Zentrum ohne Parkregulierungen.

Kito und ich gehen über die Straße Domhof zum **Ratzeburger Dom** und beginnen dort am **Braunschweiger Löwen** unseren Pilgerweg. Im A. Paul Weber-Museum (Domhof 5) erhalten wir unsere ersten Pilgerstempel in unsere neuen Pässe der Nordkirche.

Da wir innerhalb Ratzeburgs keine Markierungen finden, verpassen wir prompt den Abzweig am Markt nach links zum Königsdamm und gehen stattdessen weiter geradeaus bis zur Schulstraße/An der Brauerei/Seestraße. Wir finden den Weg aber rasch wieder.

An der Eisdiele, vor der eine lange Menschenschlange wartet, biegen wir links in den Bäker Weg ab. Die Aussicht zur Domhalbinsel ist schön. Auch hier finden wir keine Wegmarkierungen, können uns aber gut am Text orientieren. Am **Löwenbrunnen** rasten wir kurz. Kito hat Durst, und ich lege meine dicke Fleecejacke ab und befestige sie außen am Rucksack.

Blick über den See zum Ratzeburger Dom, links das Herrenhaus der Mecklenburger Herzöge

Lauenburger Ufer des Mechower Sees

Mechower See

An der Freilichtbühne bin ich ein wenig ratlos. Dem Text nach geht der Weg halblinks an der Freilichtbühne entlang. Der Wegweiser nach **Bäk** weist aber halbrechts an der Freilichtbühne vorbei. Ich frage zwei Passanten, die mir zum Weg halbrechts raten. Der steigt leicht an, überquert an einer Straße eine Straße und führt zwischen der Wohnbebauung Bäks zur Linken und dem Wald zur Rechten in Richtung Mechow.

Bäk wurde 1551 gegründet und gelangte durch den Betrieb von bis zu acht Wassermühlen bzw. fünf Kupferhämmern zu einem soliden Wohlstand, der um 1800 seinen Zenit erreichte. Nach der Erfindung der Dampfmaschine verlor die Gemeinde ihre Bedeutung und verarmte.

Spätestens hier in **Mechow**, das 1194 erstmals urkundlich erwähnt wurde und wie Bäk bis 1945 zu Mecklenburg gehörte, treffen sich beide Wegvarianten sowieso. Der Bauernhof Jansen ist nicht zu verfehlen, womit auch der schmale Asphaltweg zum **Mechower See** eindeutig ist. Der Weg am südwestlichen Seeufer, an dem die einstige deutsch-deutsche Grenze verlief (der See selbst gehörte zur DDR), zieht sich ein wenig dahin und ist wirklich gut von Fußgängern und Radfahrern frequentiert. Am Seeufer zieht er nach links.

An einem einstigen Grenzbach, der Aalreuse, überqueren wir die frühere deutsch-deutsche Grenze. Überall am Grenzweg sind Texttafeln mit Fotos und Skizzen zu finden, die viele Allgemeininformationen zu dieser Grenze, aber eben auch diverse Fluchtversuche genau beschreiben, so wie ich dies bereits vom Berliner Mauerweg kenne.

Wir erreichen das auf einer kleinen Anhöhe gelegene **Schlagsdorf**. Die erste urkundliche Erwähnung in einer Schenkungsurkunde Heinrichs des Löwen benennt das Dorf noch als *Zlavti*. Im Ratzeburger Zehntregister von 1230 heißt es dann bereits *Slaukestorp*. Die gotische Kirche aus dem späten 12. bzw. frühen des 13. Jahrhundert mit ihrem 400 Jahre jüngeren Wehrturm und der gut

500 Jahre alten Gerichtslinde lassen wir aus Zeitgründen aus. Stattdessen stoppen wir kurz am ehemaligen Domänenpächterhaus, in dem sich das dem Alltagsleben an der innerdeutschen Grenze gewidmete Museum „**Grenzhus Schlagsdorf**" befindet, und holen uns unseren zweiten Stempel für unsere Pilgerpässe.

Wenig später sehen wir endlich die ersten Wegmarkierungen unseres Mönch-Ernestus-Wegs, erfreulicherweise mit Entfernungsangaben in beide Richtungen, also nach Rehna und nach Ratzeburg. Ab hier ist der Pilgerweg bis auf weiteres sehr gut markiert, und zwar üblicherweise jeweils mit Kilometerangaben.

Außenbereich des Museums Grenzhus

Nachdem wir die Außenausstellung des Grenzhus mit diversen Beispielen der einstigen DDR-Grenzbefestigungen passiert haben und nach rechts in Richtung Seeufer abgebogen sind, denke ich, dass es jetzt allmählich Zeit für eine Bank und unsere zweite Trinkpause wäre. Kito hat dieselbe Idee offenbar Sekunden vor mir gehabt und präsentiert mir stolz die gewünschte Bank. Dort verzehren wir auch unser erstes von drei mitgebrachten Brötchen.

Der Wanderweg unten am Seeufer entlang ist außerordentlich schön. Auch hier sind auffallend viele Spaziergänger, Wanderer und Radfahrer unterwegs.

Die Chaussee nach **Schlagsbrügge** (1230 *Slaubrize*) hat einen schönen neuen Fuß-/Radweg, über den wir den leichten Anstieg hinauf zum Ort gehen. Immer wieder rechne ich ab hier unsere Ankunftszeit in Rehna hoch. In Schlagsbrügge biegen wir nach rechts in den Waldweg ab. Diese Straße führt jedoch nach dem Ortsende einige Zeit durch Felder, wobei die Rapsblüte, die dieses Jahr wieder einmal erstaunlich früh eingesetzt hat, für unterschiedlich intensive gelbe Flächen führt. Endlich erreichen wir auch den im Straßennamen „versprochenen" Wald, das **Lankower Holz**. Hier müssen wir zunächst auch noch zu Nordzipfel des **Lankower See**s absteigen, diesen umrunden und auf von schweren Fahrzeugen zerfurchten Waldwegen wieder aufsteigen.

Als wir eine Asphaltstraße überqueren, zeigt Kito plötzlich Wild an. Sekunden später ist das Grunzen nicht zu überhören. Ich vermute eine Bache mit Frischlingen und eile mit Kito schnellstens weiter. Ein Förster, der mir mit seinem Hund später begegnet, bestätigt meine Vermutung: Der Schwarzwildbestand hier ist außerordentlich dicht, und die Bachen führen bereits Frischlinge.

Nachdem unser Waldweg zum Feldweg geworden ist, mündet er wenig später in eine asphaltierte Landstraße. Wir erreichen **Dechow**, das von 1194 bis 1945 Lauenburgisch war, im November 1945 jedoch durch Grenzkorrekturen zwischen der britischen und der sowjetischen Besatzungszone im Rahmen des Barber-Ljaschtschenko-Abkommens zu Mecklenburg kam. Gleich am Ortseingang passieren wir die „Gläserne Molkerei", die Biomilch sowohl unter ihrem eigenen Namen vermarktet als auch für andere Firmen. Sie bietet auch wechselnde Kantinengerichte an, aber natürlich nicht am heutigen Sonntag. Ansonsten besticht der Ort durch seine wirklich sehr schön erhaltenen bzw. restaurierten Bauern- und sonstigen Wohnhäuser. Offenbar ist darüber hinaus auch das Dorfleben bzw. der soziale Kontakt im Dorfe außerordentlich gut, wie eine Informationstafel vor dem Dorfgemeinschaftshaus darlegt. Jedenfalls gab es dafür bereits diverse Auszeichnungen.

Am Ortsende Dechows ist Schluss mit guten Pilgerwegmarkierungen: Eine letzte zurück in Richtung Ratzeburg sehe ich noch, aber leider keine in unserer Richtung nach Rehna. Zugleich verläuft der Pilgerweg ab hier auch sehr lange ausschließlich auf Landstraßen ohne Geh- & Radwege.

Nach **Röggelin** finden wir, da die Straße Röggeliner Straße heißt und uns zudem ein alter Mann diese Straße weist. Eine Zeitlang begleitet uns der **Röggeliner See** auf unserer linken Seite. Dann aber biegen wir nach rechts ab und entfernen uns von ihm.

Röggeliner See

bei Woitendorf

in Demern

Dorfkirche in Demern

Der „Alte Gutshof" in Demern ist bereits seit 2-3 Jahren Leerstand.

Wir erreichen **Woitendorf** und bald darauf **Demern**. Die schöne Dorfkirche aus dem 13. Jahrhundert spricht uns an, ist jedoch leider verschlossen. Stattdessen gönnen wir uns auf einer der Bänke am Kirchturm eine weitere kurze Verpflegungspause. Unsere – nach der Kirche – zweite Chance auf einen Pilgerstempel aus Demern löst sich ebenfalls in Luft auf: Der „Alte Gutshof", ein Restaurant mit Übernachtungsmöglichkeiten, präsentiert sich als Leerstand. Nach Auskunft eines Nachbarn hat es seine Türen „vor 2-3 Jahren" dauerhaft geschlossen.

Auch hier am Alten Gutshof in Demern gibt es zwei unmarkierte Wegoptionen, die sich jedoch bereits nach wenigen hundert Metern wieder treffen. An der nächsten Kreuzung sehe ich noch einen Wegweiser in Richtung Ratzeburg, aber keinen in unserer Richtung.

Landschaft bei Bestenrade

Bestenrade, das nächste Dorf erreichen wir trotzdem problemlos, aber hinter dem Ort wird es auf unbefestigten Feldwegen ohne Markierungen schwierig. Ich entscheide mich an einer

Weggabelung für den Weg rechts, was falsch ist. So kommen wir nicht nach **Bülow**, sondern nach Nesow Dorf, womit wir auf der morgigen Route sind. Über Nesow Hof und nochmals Nesow Dorf erreichen wir das Gemeindegebiet Bülow und später auch den Ortsrand Bülows.

Der fortgeschrittenen Zeit sowie der aufziehenden dunklen Wolken und der deutlich abfallenden Temperaturen wegen verzichte ich indessen darauf, nach links ins Dorfzentrum Bülows abzubiegen, und gehe weiter geradeaus. So erreichen wir über **Bülow Rhenaer Tor** endlich unseren Zielort **Rehna**.

Die zum Kloster Rehna gehörende Kirche habe ich schon von weitem immer wieder sehen können. Nun nähern wir uns ihr zügig. Am Hotel Stadt Hamburg treffen wir auf den Markt. Dort sehe ich auch einen Kebab-Laden, beschließe jedoch wegen seiner vielen sehr schlechten Bewertungen im Web, ihn nicht zu nutzen. Stattdessen steuern wir sofort die Mühlenstraße an und treffen um 19:35 Uhr an der Pilgerscheune, unserer Pilgerherberge, hinter dem Pfarrhaus in der Mühlenstraße 13, ein.

Auch wenn wir tagsüber, zumindest während der sonnigen Phasen, angenehme 12-14 °C hatten, so ist es ab 19 Uhr doch spürbar kalt geworden. Auf der Bank neben der Pilgerscheune hole ich daher als erstes wieder meine Fleecejacke und ziehe sie an. Kito kommt auch mit unter die Jacke.

Angelika Krause, die Pilgerbeauftragte, die ich von hier auf ihrem Handy anrufe, erscheint nach wenigen Minuten mit ihrem Fahrrad und lässt uns ins Warme hinein.

In der Herberge haben wir ein Klappbett mit Matratze, so dass ich heute die Isomatte nicht benötige. Außerdem gibt es eine schöne, moderne Küche, ein Bad mit Dusche und WC. Einen WLAN-Gästezugang gibt es auch. Außerdem bekommen wir vom Pastor in seinem Büro unsere dritten Pilgerstempel dieses Wegs und Tages.

Kito ist durstiger als hungrig. Kein Wunder, hat er doch unterwegs jede Menge Trockenfutter von mir bekommen, dazu auch noch vier Kausticks. Eineinhalb Frikadellen schafft er trotzdem problemlos. Ich esse die anderen Frikadellen und dazu eine Asia-Suppe und trinke mehrere Becher Wasser bzw. Saft, um meinen Flüssigkeitshaushalt wieder auszugleichen. Unterwegs hatte ich den ganzen Tag über weniger als einen halben Liter getrunken.

Tagesdistanz: 32,5 km

Gesamtdistanz: 32,5 km

Erkenntnis des Tages: Jeder Pilgerweg ist anders und jeder auf seine ganz eigene Weise reizvoll. Dieser hier ruft unterwegs jede Menge Erinnerungen an die deutsch-deutsche Grenze und Teilung in Erinnerung. Die spezifische Markierung ist nur im Mittelteil abseits der Landstraßen wirklich gut. Ansonsten benötigt man wirklich die ausgedruckte Karte und die Wegbeschreibung oder noch besser den Track, den ich jedoch erst aktiviere, als ich mich vor Bülow bereits definitiv verlaufen habe und wir in Nesow Dorf sind. Dafür entschädigt die Pilgerherberge.

„Nirgendwo auf der Welt gibt es eine Grenze, die so verschiedene Welten voneinander trennt, nirgendwo sonst spielt es eine so entscheidende Rolle, ob man 100 Meter weiter rechts oder links geboren wird." – Marion Gräfin Dönhoff (1909-2002)

22.04.2024 – TAG 2
VON REHNA NACH ZARRENTIN
(EIGENER PILGERBERICHT)

Die Nacht in der Pilgerherberge war sehr angenehm: In einem Bett mit Schaumstoffmatratze auf Lattenrost schläft es sich doch besser als auf einer Isomatte. Außerdem funktioniert die Fußbodenheizung gut, und so ist es angenehm warm. Auch das Duschwasser ist schön heiß.

Kito und ich kuscheln wie immer noch ein wenig, bevor wir aufstehen, ich mich warm anziehe und wir auf seine Morgenrunde gehen. Die ist auch dringend nötig. Wir erkunden gemeinsam den Klosterkomplex: die Kirche, das Häuschen des Klostervereins, den Museumstrakt sowie die heute von diversen Behörden genutzten einstigen Wirtschaftsgebäude, das sogenannte Langhaus, rund um den Propsteihof.

Auf dem Rückweg zur Pilgerscheune treffen wir kurz vor neun Uhr (für diese Zeit hatten wir uns verabredet) Pastor Overdiek, der uns den Schlüssel zur Kirche gibt. Die besichtigen wir umgehend. Sie entstand aus einer ursprünglich spätromanischen Kirche, die im 15. Jahrhundert erheblich vergrößert wurde. Sie ist mit ihrem hohen Kirchenschiff sehr imposant für eine kleine Ortskirche. An der Südwand des Kirchenschiffs sind Reste spätgotischer Wandmalereien zu sehen. Sie wurden 1904 freigelegt und 1960 restauriert.

Besonders beeindruckt mich der 1520 entstandene und 1851 umgebaute prächtige Schnitzaltar, in dessen Seitenflügeln die zwölf Apostel dargestellt sind. Jakobus d. Ä. ist leicht zu erkennen. Die detailreiche Kreuzigungsgruppe in der Altarmitte wurde aus einem Eichenstamm geschnitzt. Die Szene der Marienkrönung schließt den Altar nach oben ab. Der rund 300 qm große **Klostergarten** wurde 2004 neu angelegt und ist ebenfalls einen Besuch wert.

Klosterkirche St. Maria

Detail des Altars, ganz rechts Jakobus d. Ä.

47

Klostergarten

Pilgerherberge Rehna

Wieder zurück in der Herberge frühstücken wir zunächst. Bis ich mit Packen fertig bin und wir losgehen, ist es bereits wieder nach zehn Uhr, aber immerhin deutlich früher als gestern!

Wir gehen, wie gestern Abend von Angelika Krause empfohlen, denselben Weg zurück, den wir gestern als Schlussstück hatten, also über Bülow Rehnaer Tor und Nesow Dorf. Der ist hübsch, verkehrsarm und uns vertraut. Außerdem entspricht er der Route des vom Klosterverein Rehna betreuten Zisterzienser Wegs von Rehna nach Lauenburg, und wir ersparen uns 1,5 Kilometer dieses eh sehr langen Tages. Es ist ziemlich kalt, um 6 °C, und der Wind macht die Kälte noch unangenehmer. Noch in Rehna ziehe ich Kito seinen warmen Mantel an, was er widerstandslos akzeptiert. Ich selbst bin in meiner dicken Fleecejacke unterwegs.

Nach 4,1 Kilometern legen wir am Dorfteich in **Nesow Dorf** eine erste kurze Rast ein. Inzwischen lässt sich immer wieder einmal die Sonne blicken, aber der Wind bleibt weiterhin kalt.

Dieser Abschnitt war sehr gut und neu ausgeschildert.

Der Pilgerweg ist in diesem Abschnitt sehr gut markiert und nicht zu verfehlen.

Auf freiem Feld mitten zwischen Nesow Dorf und **Breesen** ereilt uns dann ein erster Schauer. Glücklicherweise habe ich unsere Regensachen parat, auch wenn es mir nicht gelingt, meinen Rucksack komplett unter den Regenponcho zu bekommen. Dies schaffe ich erst in einem Buswartehäuschen am Ortsanfang Breesens. Prompt hört der Regen dann auf.

Hier in Breesen gibt es ein **Agrarmuseum**, in dem auch Kaffee und Kuchen angeboten werden. Mir wäre durchaus danach, aber leider ist es geschlossen, womit auch die Chance eines Stempels für unsere Pilgerpässe entfällt.

Die Schafe stellen gerade auf Sommerfell um.

Hinter den letzten Häusern biegt unser Pilgerweg halbrechts in den Siedlungsweg ab. Der Wegweiser muss einst direkt hinter dem Abzweig gestanden haben. Jetzt steht er direkt davor und kann nur noch von hinten betrachtet werden. Der Siedlungsweg ist ein

Betonspurweg oder, wie er hier gerne genannt wird, ein Hosenträgerweg. Für seinen geringen Ausbaugrad herrscht auf der schnurgeraden Strecke ein erstaunlicher PKW-Verkehr. Vor einigen Häusern ziemlich genau in der Mitte dieses Wegs lädt eine Bankgruppe mit Tisch zu unserer zweiten kurzen Rast ein. Diese Rast brauchen wir auch. Andererseits dürfen wir nicht bummeln.

Wir überqueren die Bundesstraße B 208 und gehen geradeaus weiter. Unser Weg heißt nun Milchweg und führt uns an leuchtend gelben Rapsfeldern vorbei nach **Klein Thurow**, vor dem Kito eine weitere idyllische Bank anbietet, die ich aber nicht annehme. Kurz hinter der B 208 ist mein Kameraakku leer, und die Reserveakkus entlocken der Spiegelreflexkamera auch keinen Mucks.

mein letztes Foto dieses Tages, bevor der Akku schlapp macht

In Klein Thurow bietet übrigens die Bauernkate Klein Thurow in der Dorfstraße 6 (www.bauernkate-klein-thurow.de) Ferienwohnungen, ein Heuhotel und einen Alkoven als Quartiere an, wobei die beiden letztgenannten sicherlich sehr interessant klingen, aber nur an den Wochenenden vom Mai bis September zur Verfügung stehen.

Wir aber biegen gleich am Ortsrand nach rechts ab in Richtung **Groß Thurau**. Hier gab es bis 1945 einen Lauenburgischen Gutshof mit Herrenhaus, wobei letzteres nach dem bereits erwähnten britisch-sowjetischen Gebietstausch in die sowjetische Besatzungszone geriet und abgerissen wurde. Im einstigen Gutspark findet sich jetzt an der Kneeser Straße 26 und damit direkt an unserem Pilgerweg die **Begegnungsstätte Alte Schule am Goldensee** (www.alteschule.ev), die Unterkünfte anbietet. Sie ist aber derzeit noch geschlossen.

Wir folgen der Kneeser Straße, die leider keinen Geh-/Radweg hat, aber dafür wenigstens recht verkehrsarm ist, nach **Dutzow**, wo wir in einem weiteren Buswartehäuschen kurz pausieren. Wenige Meter davor hätten wir nach rechts in den Grenzweg abbiegen müssen, was wir jedoch mangels Wegweiser (und ohne Nutzung des Tracks) nicht merken. So verpassen wir den 1,3 Kilometer längeren, aber signifikant schöneren einstigen Grenztruppenweg entlang des Seeufers. Auf dem direkten Weg entlang der Landstraße bis nach Kneese sparen wir andererseits wertvolle Zeit.

In **Kneese** sehe ich dann erstmals einen Wegweiser mit Distanzabgabe: Bis nach Zarrentin sind es noch mehr als 18 Kilometer! Wenn unsere Tagesdistanz von 34,5 km stimmt, so wären wir in gut 5 ½ Stunden nicht einmal die Hälfte gegangen und würden wir vermutlich erst gegen 21 Uhr im Gemeindehaus Zarrentin eintreffen, also deutlich nach Einbruch der Dunkelheit. Ob wir dann noch den Pastor dort erreichen würden, erscheint mir unsicher…

Die paar Minuten, die wir an der Mosterei Kneese stoppen, um wenigstens noch einen Tagesstempel in unsere Pilgerpässe zu bekommen, investieren wir trotzdem. Außerdem spendiert man mir hier ein leckeres Glas Apfelmost, den ich sehr gerne annehme.

Gut 200 Meter weiter verlässt der hier gut markierte Pilgerweg die Landstraße. Ich bin kurz hin- und hergerissen, folge aber diesem kleinen Umweg. Unser bis auf weiteres letzte Pilgerwegmarkierung führt uns in einen weiß-blau-weiß markierten Wanderweg durch den **Dohlenwald** und über einen Graspfad nach **Bernstorf**. Kito folgt mir im Grasweg ganz dicht auf den Fersen und überholt mich erst vor den ersten Häusern wieder. Dies ist ganz offensichtlich nicht der im Text beschriebene Weg mit der Allee, aber eindeutig der vor Ort markierte Weg.

Ab Bernstorf gibt es dann keine weiteren Pilgerwegmarkierungen mehr, sondern nur Hinweise auf Radwege bzw. Wanderwege nach Zarrentin.

Wir pilgern direkt auf das große und eindrucksvolle Gutshaus am Ende der Bernstorfer Dorfstraße zu und dann an diesem links vorbei in einen leicht abfallenden Feldweg zum Ufer des Bernstorfer Binnensees. Nach 450 Metern stoßen wir auf einen weiteren ehemaligen Kolonnenweg, dem wir nach links, also gen Süden, 1,2 km folgen. Er ist übrigens unbefestigt, also nicht mit Betonlochplatten ausgelegt. Leicht bergan erreichen wir 500 Meter später **Hakendorf**, das aus nur wenigen Häusern besteht.

Ab jetzt geht es wieder auf asphaltierten Wirtschaftswegen weiter, wobei wir auf den 2,1 km bis zum Ortsrand Lassahn schon spürbar unser Gehtempo steigern. Kito gefällt dies scheinbar, denn er bringt nun erstmals an diesem Tag Zug auf seine Leine.

Die Dorfstraße bringt uns in **Lassahn** nach einem weiteren Kilometer zum Gasthof und Hotel Seeblick. Hier waren meine heutige Partnerin Christine, Kitos Frauchen, und ich vor knapp zehn Jahren gemeinsam mit Christines Mutter zu Kaffee und Kuchen auf der Außenterrasse zu Gast.

Zum Gasthof Seeblick vermerkt Wikipedia: *„Der Gasthof wird bereits Mitte des 18. Jahrhunderts urkundlich als Burwieckscher Gasthof erwähnt, der zugleich auch Schmiede, Krämerladen und Poststation war.*

1910 wurde er durch einen Saalbau ergänzt, der allerdings im Winter 1978 durch Feuer zerstört wurde und 1980 als Mehrzweckhalle wiederaufgebaut wurde. 1925 übernahm der Gastwirt Pankow den Seeblick und stockte das bis dahin einstöckige Hauptgebäude 1925 auf. 1967 übernahmen Gisa und Dieter Redmann die Gaststätte, die diese bis 2003 zunächst als Konsumgaststätte, später unter dem Namen „Schaalseetreff" betrieben."

Außerdem gibt es in Lassahn noch die **St. Abundus Kirche**, deren älteste in Feldstein errichteten Anteile aus der Zeit um 1240 stammen und die im 17. Jahrhundert in Fachwerkbauweise erweitert wurde. Der Turm stammt von 1740. Hier findet sich auch die **Grablege der Grafen von Bernstorff**, die einen ihrer Hauptsitze auf der nahe Stintenburginsel im Schaalsee haben. Leider haben wir dafür weder Sinn noch Zeit.

95 Meter hinter dem Seeblick biegt der markierte Fußweg nach Zarrentin, auf den auch die Streckenbeschreibung des Pilgerwegs passt, am Kriegerdenkmal rechts von der Dorfstraße in Richtung See ab. Inzwischen ist es kurz vor 18 Uhr. Bis zu unserem Tagesziel wären es über diese Streckenführung noch 13,5 Kilometer! Damit würden wir frühestens um 21 Uhr, eher erst gegen 21:30 Uhr in Kälte und Dunkelheit am Tagesziel ankommen!

Da die Landstraße (nominell ist sie eine Kreisstraße) die direkteste Verbindung nach Zarrentin ist und zudem über einen guten Geh-/Radweg verfügt, der meist auch noch durch einen Knick von der Straße getrennt ist, nehmen wir ab sofort diese Route und gehen annähernd unsere Maximalgeschwindigkeit. Pausen gibt es ab sofort eh keine mehr. Kurz vor dem Ortsschild **Zarrentin am Schaalsee** stößt unser hier wieder einmal markierte Pilgerweg, der die Kreisstraße unterwegs irgendwo gequert hat, von links dazu. Wir gehen durch die **Wolfsschlucht**. Als wir am **Pahlhus**, dem Informationszentrum des Biosphärenreservats Schaalsee, vorbeigehen, versuche ich Pastor Meister telefonisch zu erreichen. Ich hinterlasse ihm eine Nachricht auf seinem Anrufbeantworter.

Um 20:03 Uhr erreichen wir das Pfarrhaus in der Amtsstraße 9. Ab Lassahn waren wir statt der vorgegebenen 13,5 km immerhin noch 9,8 km unterwegs, sind also fast 5 km/h gegangen.

Ich klingele, und wenig später steht Pastor Meister in der Tür. Das Gemeindehaus ist das kleinere Nebengebäude. Wir haben es ganz für uns. Der Gemeindesaal ist bereits etwas vorgeheizt, so dass wir uns rasch wieder aufwärmen können. Draußen dürfte die Temperatur inzwischen wieder unter 5 °C liegen.

Kurz vor 21 Uhr gehe schnell noch einkaufen. Der REWE-Markt ist keine 300 Meter entfernt. Ich hole vor alle Kaustangen für Kito, ferner Camembert, Teewurst, Brötchen, Joghurt und einen Becher Kartoffelpüree zum Aufgießen. Tee gibt es in der Küche des Gemeindehauses zur Genüge. So werden Kito und ich heute Abend noch gut satt.

Nach seiner nur kurzen Abendrunde liegen wir diesmal früher auf unserer Isomatte und im Schlafsack.

Statt der ausgewiesenen 34,5 km sind wir laut Google Maps 36,9 km gegangen, wobei wir sogar noch 1,5 + 1,3 + 3,7 km = zusammen 6,5 km ausgelassen haben. Die 34,5 km wären also in Wirklichkeit ganze 41 km gewesen!

Tagesdistanz: 36,9 km

Gesamtdistanz: 69,4 km

Erkenntnis des Tages: Wenn aus nominell 34,5 reale 41,0 Kilometer werden, reichen mit verschlanktem Anfangs- und Endstück und einer verpassten Schleife im Mittelteil auch 36,9 Kilometer, um wenigstens noch bei Tageslicht im Tagesziel anzukommen.

23.04.2024 – TAG 3
VON ZARRENTIN NACH RATZEBURG
(EIGENER PILGERBERICHT)

Mein Nachtschlaf im Gemeindesaal in Zarrentin ist nur mäßig gut. Das liegt erstens daran, dass mir Kito immer wieder den Schlafsack, mit dem wir uns zudecken, wegzieht, dass mir zweitens nach dieser doch längeren und anstrengenderen Etappe die eine oder andere Stelle etwas schmerzt und ich daher meine Lage immer wieder korrigieren muss und dass drittens unser Raum während der Nachtabsenkung der Heizung deutlich abkühlt.

Kito fühlt sich im Schlafsack wohl.

Dafür kuscheln Kito und ich am frühen Morgen, als die Heizung wieder an ist, ausgiebig. Der kleine Beschützerhund hat natürlich frühmorgens sofort lautstark gemeldet, dass die beiden

Mitarbeiterinnen des Gemeindebüros um 7:30 Uhr ihren Dienst angetreten haben. Gegen 8 Uhr stehen wir auf, gehen zügig Kitos Morgenrunde, frühstücken und packen und sind nach einem netten Klönschnack mit Pastor Jürgen Meister gegen 9:30 Uhr auf dem Pilgerweg. Auch Pastor Meister, der seit 23 Jahren hier Pfarrer ist, sind keine historischen Bezüge zwischen den Klöstern Zarrentin und Rehna bekannt. Übrigens sind die meisten der hier übernachtenden Pilger nicht auf dem Klosterdreieck, sondern auf dem von Rügen kommenden Birgittaweg unterwegs.

Wir gehen zum Kloster und steigen dort herab zum Uferweg des Schaalsees, dem wir nach Norden folgen. Die Sonne scheint, und die Lichtstimmung sowie die Farben sind wunderschön. Kito findet zu seiner großen Freude jede Menge Parkbänke und würde am liebsten auf jeder eine Pause einlegen. Da wir aber gut 26 Kilometer vor uns haben, kann ich ihm diesen Gefallen leider nicht tun und finde ihn stattdessen nur jeweils mit einem Leckerli ab.

Klostertrakt und rechts die Kirche

Lindenallee auf der Strangenhalbinsel

Über den 1911 angelegten Damm und eine kleine Brücke erreichen wir die **Strangenhalbinsel** mit dem **Strangenmoor**. Die Lindenallee, die unseren Weg säumt, hat zahlreiche Lücken. Die ent-
wurzelten Baumriesen liegen beidseits des Wegs, wobei einige ihren Sturz überlebt haben und einstige Äste wie kleinere Bäume gen
Himmel treiben. Auch hier gibt es viele Rastplätze.

Als wir die Landstraße gen Norden erreichen, sollte es auf einer
der Straßenseiten einen parallel zur Straße verlaufenden Weg geben. Der aber ist nicht auffindbar (und auch bei Google Earth nicht
erkennbar). Also folgen wir notgedrungen der Landstraße, die an
diesem Dienstagmorgen wenig frequentiert ist. Als wir rechts einen
parallelen Feldweg sehen, testen wir diesen an, doch leider entfernt
er sich bereits nach weniger als 200 Metern von der Straße. Ich ziehe
den Track hinzu und erkenne, dass dieser Weg völlig falsch ist. Also
kehren wir zur Landstraße zurück und folgen ihr weiter.

Kurz vor der Kreisgrenze und damit auch der ehemaligen innerdeutschen Grenze mündet oder zweigt links ein Wanderweg ab, wobei ich nicht abschätzen kann, ob dies der nicht gefundene oder der dann folgende Wanderweg ist. Auf dem Foto, das ich von diesem Wegweiser dort gemacht habe, erkenne ich erst später, dass es der Weg ist, den wir richtigerweise hätten einschlagen sollen. Vor Ort erschließt sich dies mir jedoch nicht, und so bleiben wir weiter auf der Landstraße, die nach wenigen Metern die Grenze zum Kreis Herzogtum Lauenburg und damit die alte innerdeutsche Grenze erreicht und überquert.

Dies wäre der richtige Weg kurz vor der einstigen innerdeutschen Grenze gewesen.

Die richtige Route hätte uns zunächst auf Wanderweg, dann – mit zwei Wegvarianten – auf kleinen Straßen über Klein Zecher nach **Groß Zecher** geführt. Stattdessen gehen wir nun als „3. Variante" weiter an der Landstraße (ohne Geh-/Radweg) über Marienstedt nach Groß Zecher.

Das dortige Gut ist historisch ein „Adliges Gut" bzw. „Adliges Gericht", wie die Rittergüter im Herzogtum Lauenburg historisch genannt wurden. Das **Gut Groß Zecher** ist seit 1691 im Besitz der Familie von Witzendorff (mit langem „i" gesprochen). Neben Landwirtschaft stehen Gastronomie und Hotellerie im Vordergrund: Im Herrenhaus stehen diverse Gästezimmer zur Verfügung, und die Kutscherscheune ist bekannt für Kaffee und exzellente Torten.

Herrenhaus des Adligen Guts Groß Zecher

Eigentlich hatte ich mich genau darauf gefreut: Kaffee und Kuchen, aber leider ist die Kutscherscheune im April noch am Montag bis Mittwoch geschlossen. In ein paar Tagen, ab Anfang Mai, wäre sie am Mittwoch geöffnet, aber heute ist Dienstag und damit so oder so Ruhetag. So setzen wir uns halt alleine auf die Gästeterrasse und packen unsere eigenen Essensvorräte aus…

Danach gehen wir die zweite Allee zurück zur Landstraße und steigen dort hinab auf den direkt am Seeufer verlaufenden Wanderweg ab. Dieser ist außerordentlich schön und ein echter Genuss.

60

Wanderweg am Seeufer zwischen Groß Zecher und Seedorf

Der kleine Pilger ist durstig und trinkt aus dem Schaalsee.

Das Wasser des Schaalsees ist – wie schon in Zarrentin – sehr sauber und klar. Kito nutzt eine flache Stelle, um mit dem Seewasser seinen Durst zu stillen.

Wir erreichen endlich **Seedorf** und dort den „Gasthof am See", in dem ich mir einen Kaffee gönnen und die Pilgerpässe stempeln möchte. Leider ist auch hier dienstags und mittwochs (= heute und morgen) Ruhetag.

Am TSV Seedorf und Niederdeutschen Theater vorbei erreichen wir die evangelische **St.-Clemens-St.-Katharinen-Kirche**. Sie ist geöffnet, und so nutzen wir die Chance, sie uns von innen anzusehen.

Seedorf entstand im 12. Jahrhundert durch Kolonisation und ist 1194 erstmals im Ratzeburger Zehntregister aufgeführt. Die St.-Clemens-St.-Katharinen-Kirche ist dort 1230, also nur wenig später, ebenfalls gelistet. Im Gewölbe des Chores gibt es frühgotische Malereien: einen thronenden Christus sowie Johannes und Maria. Die Malereien im Kirchenschiff, die die vier Evangelisten und den Teufel darstellen, datieren aus der Zeit um 1400. Der erst 1872 entstandene neugotische Kirchturm ist übrigens sechseckig.

Auf der linken Wegseite wird gerade ein hübsches Reetdach gepflegt, indem die verpilzte und vermooste Oberfläche des Reets dünn mit einer Heckenschere abgetragen wird. Das kannte ich bislang noch nicht. Allerdings hatte ich mich bislang mit diesem Thema auch noch nie befasst.

Wenig später erreichen wir rechts am Weg ein großes imposantes Gebäude. Es ist das „Schloss Seedorf", genauer das 1891-1893 neu erbaute **Herrenhaus des ehemaligen Adligen Guts Seedorf**. Dieses Gut gehörte ursprünglich den Herren von Seedorf und ging dann über die Familien von Brockdorff, von Scharpenberg und von Lützow an die Familie von Witzendorff, die es von etwa 1700 bis 1890 gemeinsam mit dem von uns ja vorhin besuchten Adligen Gut Groß Zecher besaß. 1890 vererbte Ottokar von Witzendorff es seiner Witwe Ida, die es anschließend in ihrer Familie weitervererbte.

St.-Clemens-St.-Katharinen-Kirche in Seedorf

neues Herrenhaus von 1891-1893 des einstigen Adligen Guts Seedorf

Das heutige im Stil des Historismus erbaute Herrenhaus wurde also gleich nach dem Tod Ottokars von Witzendorff für seine Witwe erbaut.

Im 20. Jahrhundert wechselte das Herrenhaus diverse Male seinen Besitzer und auch seine Nutzung, wobei die Übernahme durch die Scientology-Sekte, die hier ein Schulungszentrum einrichten wollte, durch eine Bürgerinitiative erfolgreich verhindert werden konnte. Seit 2005 ist es in diverse hochwertige Wohnungen aufgeteilt und wird, wie eine Infotafel erläutert, „von netten Menschen" bewohnt.

Wir verlassen die Ortschaft und erreichen den Werder, eine bewaldete Halbinsel mit diversen Wanderwegen. „Unserer" ist der linke entlang des Ufers des Seedorfer Küchensees, wobei aber auch der etwas kürzere mittlere Weg über den leichten Hügel nicht falsch ist. Beide Wege treffen sich eh bald wieder.

Wir erreichen eine Parkbank an einem Wegweiser, machen hier eine kurze Trinkpause und gehen links weiter. Das ist falsch, wie ich nach etwa 600 Metern rein zufällig bemerke, als ich erstmals an diesem Tag mein Handheld-GPS-Gerät einschalte und plötzlich sehe, dass wir abseits des Tracks sind. Das korrigieren wir ganz schnell. 600 Meter sind ja auch kein Problem. Nun nehmen wir an der Bank den anderen, auch korrekt ausgeschilderten Weg und haben bald wieder den Schaalsee zu unserer Rechten.

Sicherheitshalber sichere ich unseren Weg ab hier stets per Track ab. Ab Ortsrand Seedorf gibt es quasi nur Wanderwegweiser und erst ab Ratzeburg dann wieder Pilgerwegzeichen.

Vor der Brücke in Richtung Dargow, halten wir uns links auf dem Hauptweg und erreichen bald das zu Sterley gehörende **Schaalsee-Camp**, einen interessanten Campingplatz, der neben einem Zirkuswagen diverse Bauwagen, Planwagen und Tipis als Quartiere im Angebot hat. Die Rezeption ist – wie der Rest des Platzes – noch geschlossen. Hunde sind hier übrigens zugelassen. Weitere

Informationen gibt es unter https://www.kanu-center.de/schaalsee-camp/.

An der Straße Sterleyer Heide überqueren wir den Schaalseekanal nach rechts und biegen nach gut einhundert Metern gleich wieder nach links zur Badestelle des Camps am **Pipersee** ab.

Der Pilgerweg folgt dem Wanderweg am Nordufer des Pipersees und dem Nordostufer des nachfolgenden **Salemers See**s entlang und durchzieht dabei drei Campingplätze. Hier gibt es jede Menge Dauerstellplätze, wobei aber kaum fünf Prozent der Dauercamper aktuell anwesend sind. Ende April und bei Temperaturen unter 10 °C verwundert das aber auch nicht.

Ich kann mir aber problemlos vorstellen, dass im Sommer, insbesondere während der Sommerferien, im gesamten Abschnitt vom Schaalsee-Camp bis nach Salem ziemlich viel Jubel, Trubel und Heiterkeit herrschen, die ich gleichwohl aktuell nicht vermisse.

Wir sehen auch noch ein paar zur Vermietung (bei booking.com) angebotene Tiny Houses. Der **Natur-Campingplatz Salemer See**, der letzte Campingplatz hier, verfügt über ein eigenes kleines **Restaurant**, das bisher laut Google Maps offenbar Wildkehlchen hieß, aber am 1. April 2024 mit neuem Pächter als **Quattro Rose** seine Neueröffnung feierte. Chicken Nuggets, Chicken Wings bzw. Currywurst kosten, jeweils mit Pommes frites, 8 Euro. Dies wäre letztlich auch die einzige Option gewesen, an diesem Tag zwischen Start und Ziel irgendwo einen Stempel für die Pilgerpässe zu erhalten.

Nach einer weiteren kurzen Rast und Trinkpause auf einer Bank an einem Hundebadeplatz erreichen wir knapp zwei Kilometer später **Salem**. Dort passieren wir das Bootshaus und den Kinderspielplatz am See. Außer einer Mutter mit ihrem Kind sehen wir nur einen weiteren Wanderer, der allerdings wenig später in einen anderen Weg abbiegt. Ansonsten ist auch hier in Salem wochentags Ende April „tote Hose".

unser einziger Mitpilger bzw. Mitwanderer des Tages in Salem

Der Weg folgt der Seestraße gen Westen und biegt dann nach Nordwesten in den Dorotheenhofer Weg, auf dem er Salem verlässt und nach einem Kilometer durch Wiesen und Felder einen Waldparkplatz erreicht, Ab hier ist die einstige Straße für Kraftfahrzeuge gesperrt und ausschließlich den Radfahrern und Fußgängern vorbehalten. Fast schnurgerade und mit nur minimalen kleinen Abknickungen führt sie als Salemer Straße durch das **Salemer Moor** mit seiner artenreichen Flora und Fauna, bis sie 3,1 Kilometer nach dem Wanderparkplatz den Ortseingang **Ratzeburg** erreicht und dort in die Seedorfer Straße einmündet.

So langsam kommt unser Tagesziel und damit unser Ziel dieser Pilgerroute in Reichweite. Ab hier sind auch die Markierungen wieder besser, wobei wir uns primär an den Radwegezeichen orientieren, aber immer wieder auch Pilgerwegweiser finden. Track und Textbeschreibungen passen eins-zu-eins dazu.

66

Wir biegen nach links in die Danziger Straße, an deren Ende nach links in die Schmilauer Straße und nach 45 Metern gleich wieder rechts in den Eichenweg. Der ist nur gut 250 Meter lang. Erneut biegen wir nach links ab, diesmal in die Straße Röpersberg. Diese überquert auf einer Brücke eine kleine Schlucht mit einem Bach. Gleich dahinter geht es nach rechts in den Waldesruher Weg. Der fällt leicht ab in Richtung Küchensee und mündet nach rechts in die Straße Am Mühlengraben.

Wir erreichen den Palisadenweg, eine ehemalige Bahntrasse, in die wir nach links einbiegen und die uns auf den folgenden 700 Metern flach auf die Stadtinsel bringt, wobei sie unterwegs Kleinbahndamm und zuletzt Promenade heißt. Hier biegen wir vom Küchensee weg zum Theaterplatz ab und erreichen nach etwa 100 Metern das Kino Burgtheater.

An einer Ampel kreuzen wir die Schulstraße und gehen nun auf unserem Hinweg von vorgestern leicht bergan die Schrangenstraße hinauf, die sich 260 Meter später am Markt geradeaus als Domstraße fortsetzt und weitere 240 Meter später dann als Domhof. Hier hätte ich mir gerne in der Dom-Apotheke (Domstraße 5) einen letzten Stempel für unsere Pilgerpässe geholt, aber da wir heute allzu entspannt und trödelig unterwegs waren, hat diese seit genau zehn Minuten Feierabend.

Das ficht uns nicht an. Wir gehen die letzten 350 Meter bis zum Braunschweiger Löwen an der Mauer zum Dom Areal. Es ist 18:45 Uhr, als wir dort ankommen. Der Dom ist inzwischen geschlossen. Den werden wir uns am 3. Mai, meinem Geburtstag, separat anschauen. Jetzt gehen wir erst einmal zur Jugendherberge und meinem dort geparkten Auto. Kito ist happy, als er dieses erkennt, und kann es kaum abwarten, bis ich Rucksack und Trinkflaschen im Auto verstaut habe und er sich dort auf dem Beifahrersitz niederlassen kann, während ich noch zur Rezeption der Jugendherberge gehe und dort die letzten Stempel dieser interessanten Pilgerreise voller Eindrücke bekomme.

Dann treten wir die Heimreise an und sind um kurz nach 20 Uhr wieder zu Hause in Hamburg.

Tagesdistanz: 26,9 km

Gesamtdistanz: 96,3 km

Erkenntnis des Tages: Die kürzeste Teilstrecke am dritten und letzten Tag tat gut. So hatten wir reichlich Zeit, diesen schönen Weg in Ruhe zu genießen. Und dies umso mehr, da im Ziel ja nur mein Auto auf uns wartete.

wieder zurück am Ratzeburger Dom

14.06.2024
VON REHNA NACH KNEESE DORF
(EIGENER PILGERBERICHT II)

Knapp zwei Monate nach unserer Pilgerreise zieht es Kito und mich ein weiteres Mal auf die Strecke von Rehna nach Zarrentin. Diesmal ist es unser Auftakt des **Europäischen Wegs der Zisterzienser im UNESCO-Biosphärenreservat Schallsee & Elbe.**

Im Vorfeld habe ich versucht, im Mittelteil dieser Etappe eine Pilgerunterkunft für uns zu finden. In Klein Thurow und in Groß Thurow ist alles ausgebucht. Und im Seeblick in Lassahn, 13 Kilometer vor Zarrentin, kostet das Einzelzimmer 85 € plus Hundezuschlag. Das ist nicht meine Preisklasse.

Start in Rehna

Zu unserem Glück hat Christine sich angeboten, uns zum Start nach Rehna zu bringen. Am Abend kommt sie dann ein zweites Mal, um uns in Kneese Dorf auflesen, mit uns in der Pilgerherberge Rehna zu übernachten und uns am folgenden Morgen wieder nach Kneese Dorf auf die Strecke zu bringen.

Kito und ich starten vom **Kloster Rehna** um Viertel nach zwölf. Zuvor habe ich mir in der Klosterinformation einen ersten Pilgerstempel geben lassen. Die Sonne scheint, und im Gegensatz zum April ist es diesmal angenehm, so um 25 °C. Der leichte Wind ist also keineswegs kalt und störend, sondern vielmehr angenehm.

Wir nehmen erneut den direkten Weg aus Rehna heraus über **Bülow Rehnaer Tor**. Dies ist diesmal auch die vorgegebene Route des Wegs der Zisterzienser. Der Rest der auf unserer Karte eingezeichneten Strecke ist ansonsten identisch mit dem Nonnenweg des Klosterdreiecks.

Die Natur hat sich in den vergangenen 53 Tagen erheblich weiterentwickelt. Alles ist üppig grün. Das Gelb der Rapsfelder ist verschwunden und dem ersten, blasseren Gelb reifer Getreidefelder gewichen. Am Wegrand blühen diverse Wildblumen, darunter sehr viele blaue Kornblumen. Auch die Seerosen in den Teichen entlang der Strecke blühen.

Heute haben Kito und ich es nicht eilig. Wir müssen kein bestimmtes Tagesziel erreichen, sondern können uns nach Bedarf mit Christine auf einen Treffpunkt als Tagesziel verständigen.

In **Dorf Nesow** wählen wir erneut die Bank neben dem hübschen Teich links am Ortsende als Rastplatz. Wir lieben Rituale. Dazu gehört für uns, auf denselben Wegen auch dieselben Rastplätze zu genießen. Wir lassen uns die ersten 1 ½ von drei Teewurstbrötchen munden.

Auf dem nächsten Abschnitt nach **Breesen**, in dem uns damals ein Regenschauer erwischt hatte, bleiben wir diesmal trocken. In Breesen hätte ich mir heute gerne im Agrarmuseum Kaffee und

Kuchen gegönnt, wie es die Aufschriften im April wie auch jetzt anbieten. Aber leider sind Museum und Café auch in der Urlaubssaison geschlossen, wobei nicht erkennbar ist, ob dies nur am heutigen Freitag oder dauerhaft so ist.

Also machen wir unsere nächste Rast erst – wie im April – kurz vor **Breesen Chaussee**. Hier essen wir ein Brötchen und kuscheln dann noch ausgiebig im Gras, bevor wir weiterziehen. Kito kennt den Weg noch bestens und findet im nächsten Abschnitt auch sofort auf Anhieb die hübsch gelegene Bank direkt vor **Klein Thurow**. Aber hier sind mir zu viele Mücken.

Klein Thurow wurde erstmals 1230 im Ratzeburger Zehntregister urkundlich erwähnt. Rund 650 Jahre lang war es der östlichste Ort des Herzogtums Ratzeburg, wobei der südliche Teil des Dorfes bereits zu Mecklenburg gehörte. Nach dem Ende des 2. Weltkriegs verblieb Klein Thurow nur noch gut ein halbes Jahr in Lauenburg und damit in der britischen Besatzungszone. Da die Briten dieses Gebiet östlich des Schalsees jedoch schlecht erreichen und versorgen konnten, tauschten sie es im November 1945 im Barber-Lyaschenko-Abkommen mit den Sowjets gegen ein anderes Gebiet weiter nordwestlich. Die Bewohner hier hatten ganze 14 Tage Zeit, um sich zu entscheiden, mit den abziehenden britischen Truppen über den Schaalsee umzusiedeln oder zu bleiben. Fast alle Einwohner Klein Thurows zogen mit den Briten weg. Nur sehr wenige blieben. In die leerstehenden Häuser zogen bald darauf Flüchtlinge aus den verloren gegangenen ehemaligen deutschen Ostgebieten.

Wir biegen unmittelbar vor den ersten Häusern in den unbefestigten Feldweg nach **Groß Thurow** ab und folgen diesem bis zur asphaltierten Landstraße. Die **Begegnungsstätte Alte Schule am Goldensee** (Kneeser Straße 26, www.alte-schule.ev) ist diesmal geöffnet. Ich schaue mir den alten Baumbestand des früheren Gutsparks an, mache ein paar Fotos und darf in einem der Gebäude Kitos Wasserflasche auffüllen.

Kito ist Suchhund für Schutzhütten und Bänke. Hier wird er in Nesow Dorf fündig.

gut angeleintes Pferd in Groß Thurow

freundlicher Wachhund in Groß Thurow

Alter Baumbestand im früheren Gutspark Groß Thurow (Begegnungsstätte

Diesmal biegen wir in **Dutzow**, unserem nächsten Ort, vor dem Buswartehäuschen nach rechts in die Grenzstraße ein und erreichen kurz vor dem Seeufer den einstigen Grenztruppenweg, dem wir nun gen Süden, also nach links, folgen.

Inzwischen hatte ich telefonischen Kontakt mit Christine, die auf dem Weg zu uns bereits in Zarrentin ist. Sie wird uns im folgenden Wegabschnitt zwischen Dutzow und Kneese Dorf entgegenkommen. Kito ahnt das indessen noch nicht. Er genießt einfach das tolle Wetter und den einsamen heideartigen Naturweg, der ganz eindeutig die schönere und bessere Variante zur Landstraße zwischen den beiden Orten ist. Immer wieder prescht er auf dem Weg voraus, als wolle er ihn auskundschaften, und rennt wieder zu mir zurück. Als er dann sein Frauchen aber sieht, ist er ganz aus dem Häuschen.

Die **Erinnerungsstätte an Harry Weltzin**, einen 28jährigen Dipl.-Ingenieur aus Rostock, der ganz in der Nähe bei seinem Fluchtversuch am 4. September 1983 durch eine Selbstschussanlage getötet worden war, erinnern Christine und ich noch von einem Trainingslauf um den Schaalsee vor gut zehn Jahren. Zu dritt besteigen wir auch noch den Aussichtsturm, bevor wir in **Kneese Dorf** kurz vor 18 Uhr Christines Auto erreichen und für heute Feierabend haben.

Mit dem Auto bringt Christine uns zurück nach Rehna, wo wir im PENNY-Markt unsere Lebensmittel aufstocken und dann zur Pilgerherberge in der Mühlenstraße fahren. Von dort aus rufe ich Frau Krause an, die rasch kommt und uns in die Herberge einlässt.

Hier hat sie diesmal statt des Klappbetts ein bequemes Doppelbett aus mehreren übereinander gestapelten Matratzen mit Bettwäsche für uns vorbereitet. Eine lange Einweisung entfällt. Wir zahlen unseren Obulus, lassen uns zeigen, wo im Gästebuch das WLAN-Passwort steht und haben unser Quartier ganz für uns. Apropos Gästebuch: Seit unserem vorigen Aufenthalt war nur eine sechsköpfige Gruppe hier zu Gast. Das ist schade: Weg und Herberge hätten sicher mehr Resonanz verdient.

Wir bereiten unser Abendessen zu, verzehren es und genießen unseren Abend mit einer Flasche Rotwein. Als um 21 Uhr das Eröffnungsspiel der Fußball-Europameisterschaft 2024 zwischen Gastgeber Deutschland und Schottland beginnt, schauen Christine und ich uns dies auf meinem Laptop an. Kito interessiert sich nicht für Fußball und schläft schon mal eine Runde vor.

Pünktlich zum Beginn der zweiten Halbzeit – also um Punkt 22 Uhr – ist dann in der Herberge Nachtruhe und das WLAN ausgeschaltet. So verfolgen wir diese Halbzeit bis zum schlussendlichen 5:1-Sieg auf Christines Smartphone.

Tagesdistanz: 19,1 km

Erkenntnis des Tages: 53 Tage später präsentiert sich dieser schöne Weg in ganz anderem Kleid. Und mit mehr Zeit und kürzerer Tagesdistanz bringt er auch viel mehr Genuss als bei einer überlangen Tagesstrecke.

15.06.2024
VON KNEESE DORF NACH ZARRENTIN
(EIGENER PILGERBERICHT II)

Über Nacht hat sich die Wetterlage komplett verändert: Als wir kurz nach sieben Uhr aufstehen, regnet es. Zugleich ist es heute mit 12-16 °C rund 10 °C kühler als gestern. Während Christine uns mit dem Auto von Rehna nach **Kneese Dorf** bringt, nieselt es zwar nur, aber als wir dann gegen 9:20 Uhr dort starten, nimmt der Regen rasch wieder zu.

Kurz vor dem Ortsausgangsschild beginnt rechts neben der Straße ein gemähter Grasweg, der der Kreisstraße parallel hinter einem Knick folgt. Er durchquert anschließend den **Dohlenwald** und auf Graswegen diverse Wiesen, bis er im Dorf Bernstorf auf die dortige Dorfstraße trifft. Ab Beginn des Dohlenwalds sind wir ihm im April gefolgt.

Heute jedoch bleiben wir noch ein gutes Stück auf der Kreisstraße, auch wenn diese keinen Geh-/Radweg hat. Aber erstens ist am heutigen Samstagmorgen nur sehr wenig Verkehr, und zum Zweiten möchte ich nicht gleich auf den ersten Kilometern nasse Schuhe haben. So biegen wir von der Kreisstraße direkt in die Dorfstraße **Bernstorf** ab. Sie führt schnurgerade auf das Gutsverwalterhaus zu. Selbiges ist ein großes, aber einfaches aus Ziegeln und Feldsteinen errichtetes Gebäude. Wir umgehen es links und gehen hinab in Richtung Schaalsee, wo wir nach links in den einstigen Grenzpatrouillenweg der DDR-Grenztruppen einbiegen. Dieser Abschnitt ist wie viele folgende nicht mit den Lochbetonstreifen befestigt und dementsprechend – weil nass – rutschig. Kito hat damit keine Probleme, aber ich muss sehr aufpassen.

ehemaliges Gutsverwalterhaus in Bernstorf

einstiger Grenztruppenweg zwischen Bernstorf und Hakenberg

Wir steigen rasch zum Örtchen **Hakenberg** hinauf und folgen ab hier der rund zwei Kilometer guten Betonstraße bis nach **Lassahn**. Als wir das geräumige Buswartehäuschen erreichen, machen wir dort – wie im April – Rast. Wir teilen uns das erste von drei vorbereiteten Brötchen. Außerdem ziehe ich mir noch eine dünne Jacke unter. Folienponcho sowie Rucksackregenschutz haben sich bewährt und bleiben weiter im Einsatz.

Kaum sind wir wieder aufgebrochen, so hört der Regen auf und scheint plötzlich die Sonne. Über dem Schaalsee sind die Regenwolken einem wunderschön blauen Himmel gewichen.

Wir erreichen das Hotel Seeblick, dessen Biergarten gerade öffnet, und nutzen die Chance zu einer Pause. Ich bestelle einen Kaffee und ein Stück Apfelstreuselkuchen, das ich natürlich mit Kito teilen muss. Während wir hier verweilen, lasse ich meinen Handyakku an einer Steckdose hinter dem Tresen aufladen.

Dorfkirche in Lassahn

Bootssteg zwischen Lassahn und Stintenburg

Weg zwischen Lassahn und Stintenburg

Um 12:20 Uhr – also nach einer halben Stunde – brechen wir wieder auf, vorsichtshalber weiter in vollem Regenschutz. Kaum haben wir die Straße erreicht, so geht der nächste Wolkenbruch nieder. Den ersten Schwall überstehen wir heil unter einem dichten Haselnussstrauch, den nächsten im Eingangsbereich der leider verschlossenen Dorfkirche.

Als der Regen endlich nachlässt und „normale Intensität" erreicht, gehen wir weiter. Unser Weg führt steil bergab zum Ufer des Schaalsees. Den 150 Meter langen Abstecher zum Badeplatz schenken wir uns. Zum Baden lädt das Wetter wahrlich nicht ein. Stattdessen folgen wir weiter dem unbefestigten Grenztruppenweg.

Wir gönnen uns jedoch den Abstecher zur **Insel Kampenwerder** und dem dortigen Herrenhaus des Adligen Guts **Stintenburg**, das seit 1993 (Herrenhaus) bzw. 1997 (Gut) wieder im Besitz der Grafen von Bernstorff ist. Deren Familiengrablege hatte ich bereits auf dem Friedhof Lassahn entdeckt.

Danach folgen wir – wie bereits den ganzen Tag bisher und auch später bis nach Zarrentin – dem weiß-blau-weiß markierten „**Naturparkweg**". Er ist außerordentlich schön, zugleich aber heute nass, aufgeweicht und immer öfter matschig-glatt. Im Ortskern **Techin** rasten wir ein weiteres Mal und teilen uns Teewurstbrötchen Nummer 2. Außerdem verstaue ich unsere Regensachen.

Kurz nach Verlassen des Orts erwischt es mich in einem abschüssigen Wegabschnitt, und ich stürzte mit Sack und Pack halblinks hin. Glücklicherweise ist nur die gestern früh frisch angezogene, aber von Kito ohnehin bereits verdreckte Hose nun noch etwas dreckiger.

Kito ist übrigens ab Bernstorf mit nur kurzen innerörtlichen Unterbrechungen in Lassahn und Techin ohne Leine unterwegs und benimmt sich mustergültig.

Weg zwischen Stintenburg und Techin

Wir erreichen und überqueren die Kreisstraße, folgen ihrem Geh-/Radweg aber nur kurz, sondern biegen schon nach wenigen Metern in einen schmalen, tunnelartigen Pfad in Richtung Neuhof ein. So weit aber gehen wir nicht, denn unser Weg biegt nach etwa einem Kilometer bereits wieder nach rechts ab und führt uns gen Süden am Ufer des **Boissower See** nach **Boissow**.

Hier zweigt er in einen wunderschönen Naturweg ein. Bevor wir den aber gehen, gönnen wir uns eine dreiviertelstündige Rast an einer Bank mit Tisch. Zeitweise dösen wir nebeneinander im Gras, und als ich Kito kurz vor unserem Aufbruch suche, liegt er neben meinem Rucksack auf dem grob gezimmerten Tisch.

Zwischen Boissow und **Bantin** erreichen wir ein Feld mit etwa 30-40 cm hohen Maispflanzen. Etwa 100 Meter entfernt steht ein Reh mitten im Feld. Ich entdecke es als erster. Als ich Kito demonstrativ ein Leckerchen reiche und das Reh den Hund sieht, trabt es locker und ohne Eile die rund 70 Meter zum nächsten Dickicht und verschwindet. Kito nimmt erst viel später Witterung auf. Als wir die Spur des Rehs kreuzen, ist er hellwach. Aber mehr als ein wenig Herumspringen passiert dann doch nicht. Ich hätte ihn sonst auch heftig zurückgepfiffen. So aber hat er sich – ohne Leine – top verhalten. Besser hätte ich es auch mit Leine nicht erwarten können.

Unser letzter Ort heute ist **Schaalmühle**. Direkt vor dem einstigen Mühlengebäude biegen wir nach rechts ab, an der kleinen Landstraße dann gleich noch ein zweites Mal. Da hier zeitweise zwei Raubvögel über uns kreisen, muss Kito eng neben mir gehen, was er auch prima macht.

Pilgerpublikum im letzten Abschnitt zwischen Schaalmühle und Zarrentin

Bald erreichen wir die Kreisstraße, die wir überqueren, und das Ortsschild Zarrentins. Kurz nach dem Freibad rufe ich Frau Kloweit an, und als wir gegen 18:45 Uhr das Gemeindehaus erreichen, werden wir von ihr und ihrem Mann bereits erwartet.

Da wir das Gemeindehaus ja bereits kennen, ist die Einweisung etwas kürzer. Was ich ganz reizend finde: Diesmal liegen zwei

Handtücher, eine dicke Wolldecke für mich und eine zweite dünnere für Kito bereit, außerdem ein Kopfkissen für mich. Und einen großen zusammengerollten Teppich können wir auch als Unterlage nutzen. Ich falte letzteren dreifach, und so benötigen wir keine Isomatte. Kito gefällt dieser Aufbau.

Nachdem ich kurz zum nur 300 Meter entfernten REWE-Markt gegangen bin, gibt es Schnitzel mit Kartoffelpüree, dazu etwas Brie zum Nachtisch und für mich drei Becher Tee.

Während ich meinen Tagesbericht schreibe, liegt Kito dicht neben mir auf einem Stuhl.

Tagesdistanz: 26,6 km

Gesamtdistanz: 45,7 km

Erkenntnisse des Tages: Aufgeteilt auf zwei Tage, ist dieser Weg von Rehna nach Zarrentin viel schöner als per Mammutetappe an nur einem Tag. Mit Muße lässt er sich viel mehr genießen. Die diversen Schleifen und Umwege zwischen Dutzow und Kneese Dorf sowie ab Lassahn sind außerordentlich schön. Ich kann mich nicht erinnern, wann ich zuletzt dermaßen beeindruckende Wanderwege gegangen bin. Mit zu diesem Genuss hat natürlich auch das Wetter beigetragen, das uns heute nach fünf Stunden Regen wieder herrlichen Sonnenscheint und dementsprechend feine, üppige Farben präsentierte.
Mein besonderer Dank gilt dabei vor allem Christine, die uns diese Etappenaufteilung ermöglichte, und dem Ehepaar Kloweit, das uns in Abwesenheit des Pastors das Gemeindehaus in Zarrentin geöffnet hat.

SINNVOLLE ANDERE ETAPPENEINTEILUNGEN

Wem vor allem die überlange zweite Etappe von Rehna nach Zarrentin zu lang ist, der interessiert sich sicherlich für alternative Strecken- bzw. Etappeneinteilungen.

Denkbar wäre auch, den Mönch-Ernestus-Weg an Tag 1 in Dechow oder in Demern zu unterbrechen, um am Folgetag früher in Rehna zu sein und dort mehr Zeit zur Besichtigung des Klosters und der schönen städtischen Bausubstanz zu haben.

Auf dem Nonnenweg bieten sich Übernachtungsstopps in Klein Thurow, Groß Thurow, Kneese und/oder Lassahn an. Man sollte sie jedoch rechtzeitig reservieren.

Und auf dem Bischofsweg von Zarrentin nach Ratzeburg gibt es in Groß Zecher, Seedorf oder auch auf einem der Zeltplätze am Salemer See Übernachtungsoptionen.

Selbstverständlich eröffnet sich darüber hinaus auch die Möglichkeit, in den drei Klosterorten jeweils einen Ruhe- und Besichtigungstag einzuschieben.

Ich persönlich würde zukünftig vermutlich nur den Nonnenweg auf zwei Tage aufteilen und den Mönch-Ernestus-Weg sowie den Bischofsweg jeweils in einem Stück pilgern, so wie es auch die geführten Pilgertouren anbieten (siehe folgende Seite).

Als weitere Option, für die man jedoch zwei Autos benötigt, könnte ich mir vorstellen, ein **festes Pilgerquartier** zu buchen und dann jeweils ein Auto im Tagesziel abzustellen und mit dem anderen Auto, das man nachher natürlich wieder abholen muss (und ggfs. dann gleich zum Tagesziel des Folgetags bringt), zum Tagesstart zu fahren. Auf diese Weise kann man sich das gesamte Klosterdreieck in beliebig kurze bzw. beliebig viele Etappen aufteilen und kann den Weg zudem mit leichtem Tagesgepäck gehen.

GEFÜHRTE PILGERANGEBOTE

Seit 2021 organisieren die Tourist-Information Ratzeburg, das Grenzhus Schlagsdorf, der Lauenburgische Kunstverein e.V. und die Stadt Rehna gemeinsam **geführte Pilgerwanderungen**. siehe auch: https://www.kloster-rehna.com/veranstaltungen/ bzw. https://www.herzogtum-lauenburg.de/veranstaltungen-im-herzogtum-lauenburg

2024 startete die Pilgersaison am 11. Mai um 9:00 Uhr mit der **Wanderung von Ratzeburg nach Rehna**. Treffpunkt war das Löwendenkmal am Ratzeburger Dom, Veranstalter die Kloster- und Stadtinformation Rehna, Telefon: 038872 / 527 65, info@kloster-rehna.de. Zwischenstopps waren in Dechow zum Mittagsessen und in der Kirche Demern zu Kaffee und Kuchen. Die Kosten betragen 35 €; die Teilnehmerzahl ist auf 30 limitiert. Ein Busrücktransfer ist möglich. siehe: https://www.herzogtum-lauenburg.de/e-pilger-wanderung-klosterdreieck-teil-1-ratzeburg-rehna bzw. https://www.kloster-rehna.com/veranstaltungen/pilgerwande-rung-m%C3%B6nch-ernestus-weg/

Die zweitägige zweite Etappe auf dem **Nonnenweg von Rehna nach Zarrentin** am 8. und 9. Juni wurde vom GRENZHUS, 19217 Schlagsdorf, Neubauernweg 1, www.grenzhus.de, info@grenzhus.de, 038875 / 20326, veranstaltet. Sie begann um 10 Uhr an der Stadt- und Klosterinformation Rehna. Auch hier war die Teilnehmerzahl auf 30 begrenzt. Die Gebühr von 80 € schloss hier Abendessen, Frühstück, Lunchpaket in der Begegnungsstätte am Goldensee in Groß Thurow ein. Weitere Stopps waren in Breesen (im Agrarmuseum) und in Lassahn (im Gasthof Seeblick) geplant. siehe: https://www.herzogtum-lauenburg.de/e-pilgerwanderung-kloster-dreieck-teil-2-rehna-zarrentin-2024 bzw. https://www.kloster-rehna.com/veranstaltungen/pilgewanderung-nonnenweg/

Die letzte Strecke des Klosterdreiecks, der **Bischofsweg von Zarrentin nach Ratzeburg**, folgt am 12. Oktober um 10 Uhr. Treffpunkt ist der Haupteingang des Klosters Zarrentin. Veranstalter ist die Tourist-Information Ratzeburg, Telefon: 04541/ 80 00 886, tourist-info@ratzeburg.de. Wie bei Etappe 1 beträgt die Gebühr 35 € und werden maximal 30 Plätze angeboten. Bei dieser Etappe ist ein Mittagsimbiss in Seedorf vorgesehen. siehe: https://www.herzogtum-lauenburg.de/e-pilgerwanderung-klosterdreieck-teil-3-zarrentin-ratzeburg

Die Termine für 2025 sind noch nicht publiziert, können aber über die obigen Links oder die Websites der Veranstalter leicht eruiert werden.

UNTERKÜNFTE

Dechow:

Ferienwohnung im alten Reetdachhaus, Ferienwohnung Madita, Corinna Weidner, Seeweg 2, 19217 **Dechow** www.airbnb.de/rooms/6915561, www.seewegzwei.de, weidner-corinna@web.de

Ferienwohnung Bullerbü, Andrea Keil, Seeweg 4, 19217 **Dechow** 0451/8993152 od. 038873/33902, keilandrea@web.de

Ferienzimmer Karsten Wachtel, Dorfstr. 4, 19217 **Dechow** Tel. 038873 / 20 306

Schwedenhaus Adams, Familie Adam, Dorfstraße 12, 19217 **Dechow** www.adams-schwedenhaus.de, info@adams-schwedenhaus.de

Demern:

Ferienwohnung Iris Wienke, Dorfstr. 51, 19217 **Demern**, Tel. 038872 60412 & 0162 8408538, wienke.demern@freenet.de

Rehna:

Pilgerherberge Rehna (Klosterscheune beim Pfarrhaus bzw. Kloster), Mühlenstr. 13, 19217 **Rehna**, Pastor Overdiek, Tel. 038872 53313, bzw. Angelika Krause (Kirchenälteste), Tel. 038872 149812 und 0176 99907106, Dusche und Küche sind vorhanden, WLAN, 2 Betten in DZ plus weitere Schlafplatzoptionen im Obergeschoss, Schlafsack (und ggfs. Isomatte) sind mitzubringen, 20 €

Hotel Stadt Hamburg-Rehna GmbH, Markt 5, 19217 **Rehna**, Tel. 038872 53311, www.hsh-rehna.gmbh, EZ inkl. Frühstück 59 bzw. 64 €, DZ inkl. Frühstück 84 bzw. 94 €, Hund ???

bed & breakfast im Gästehaus 22 - am Klostergarten, Anja Holm, Mühlenstraße 22, 19205 **Rehna**, EZ ab 65 €, DZ 85-95 €, jeweils ohne Frühstück, Aufpreis bei nur einer Nacht 10 €, Aufpreis Hund 15 €
Tel.: 038872 524844, info@gaestehaus22.de, www.gästehaus22.de

<u>Klein Thurow:</u>

Bauernkate Klein Thurow, Jutta & Frank Strauß, Dorfstraße 6, 19205 **Klein Thurow**, Ferienwohnungen, Heuhotel und Alkoven, Aufpreis Hund 5 €
Tel. 01515 3727550 und 0170 9004959, www.bauernkate-klein-thurow.de

<u>Groß Thurow:</u>

Begegnungsstätte am Goldensee in Groß Thurow - Alte Schule e.V., Kneeser Str. 26, 19205 **Groß Thurow**
Tel. 04541 3155, booking@alteschuleev.de, www.alteschuleev.de

<u>Lassahn:</u>

Ferienwohnungen Biederstädt, Dorfstr. 63, 19246 **Lassahn**
Tel. 038858 21 154, irmtraut_biederstaedt@yahoo.de, ww.fewo-schaalsee.de

Ferienwohnung Werling, Dorfstr. 28, 19246 **Lassahn**
Tel. 040 69 37 676, awe-kultour@gmx.de

Gasthaus Seeblick, Dorfstr. 57, 19246 Lassahn, Ferienwohnung und diverse DZ,
Tel. 0162 3355293, kontakt@seeblick-lassahn.de, www.seeblick-lassahn.de

Zarrentin:

PU im Gemeindehaus der Ev.-luth. Kirchengemeinde Zarrentin, Amtsstraße 9, 19246 **Zarrentin**, Tel. 038851 25751, zarrentin@elkm.de, kirche-zarrentin.de: keine offizielle PU, aber bei frühzeitiger Anmeldung Unterbringung im Gemeindehaus möglich, Isomatte und Schlafsack notwendig, keine Dusche, aber Küche

Ferienwohnung am Schaalsee, Winfried Toedt / Dorit Blasinski, Amtsstr. 31, 19246 **Zarrentin**
Tel. 0221 52 52 72, dblasinski@freenet.de, www.mecklenburg.mynetcologne.de

Ferienwohnung „Schwalbe", Amtsstr. 27A, 19246 **Zarrentin am Schaalsee**
Tel. 040 40 83 55, kultur.schwalbe@web.de

Pension Niehus, Hauptstr. 13, 19246 **Zarrentin am Schaalsee**
Tel. 038851 337040 oder 0172 4339845, pension.niehus@gmail.com, www.niehus-schaalsee.de

Das Landhaus am Schaalsee
Wittenburger Chaussee, 19246 **Zarrentin**
Tel. 038851 80 538

Groß Zecher:

Gut Groß Zecher, Lindenallee 15, 23883 **Groß Zecher**, Tel. 04545 8514010, www.gutgrosszecher.de

Campingplatz Groß Zecher am Schaalsee, Bokop 14, 23883 **Groß Zecher**, Tel. 0172 4150744, www.camping-schaalsee.de
Hunde erlaubt, Erwachsene 6 €, Zelt 7-9 €, Gratis-WLAN, Kiosk mit Lebensmitteln und Backwaren

Pfadfinderheim Groß Zecher, Seeweg 18, 23883 **Groß Zecher**, Tel. 02857 900040, www.pfadfinderheim-gross-zecher.de

Seedorf:

Gasthof am See, Fam. Pusback, Dorfstraße 10, 23883 **Seedorf**, Tel. 04545 218, gasthof-am-see@gmx.de, www.gasthof-am-see.com
2 EZ: Ü m F 82,50-87,50€, 6 DZ: Ü m F 115-120 €, Aufpreis Hund 15 €, auch über booking.com

zwischen Seedorf und Salem am Schaalseekanal:

Schaalsee-Camp, Sterleyer Heide 2, 23883 **Seedorf**, Tel. 04501 412, https://www.kanu-center.de/schaalsee-camp/
Stellplatz Zelt ohne Auto 10 €, Erwachsener 10 €, Aufpreis Hund 3 €, geöffnet 2024 vom 26.4. bis 6.10.

Salem:

Natur-Campingplatz Salemer See, Seestraße 60, 23911 Salem, Tel. 04541 82554, www.camping-salem.de
auch über booking.com, Hunde erlaubt

WEITERE INFORMATIONEN

Stadtinformation Rehna im Deutschen Haus
Kostenlose W-LAN Nutzung möglich
Gletzower Straße 15
19217 Rehna
Tel.: 038872-52335
stadtinfo@stadtrehna.de
Link: www.stadtrehna.de
Öffnungszeiten
Montag: 13:00 - 16:00 Uhr
Dienstag: 10:00 - 12:00 Uhr und 13:00 - 18:00 Uhr
Mittwoch: 13:00 - 16:00 Uhr
Donnerstag: 10:00 - 12:00 Uhr und 13:00 - 17:00 Uhr

Kloster- und Stadtinformation am Kloster
Kirchplatz 1a
19217 Rehna
Tel.: 038872-52765
info@kloster-rehna.de
Link: www.kloster-rehna.de
Öffnungszeiten
1. März bis 31. Oktober
Dienstag bis Freitag: 10 - 17 Uhr
Samstag, Sonntag, an Feiertagen: 11 - 17 Uhr
November bis Ende Februar
geschlossen

RÜCKBLICK & FAZIT

Das Klosterdreieck Ratzeburg – Rehna – Zarrentin ist ein besonderer regionaler Pilger-Rundweg, der den Pilger nicht nur rund um den Schaalsee durch wunderschöne Landschaft führt, sondern ihn auch immer wieder mit den Spuren der deutsch-deutschen Teilung und Grenze konfrontiert und damit eindeutig mehr auf die jüngere Geschichte der letzten Jahrzehnte verweist, als sein auf die drei Klöster Ratzeburg, Rehna und Zarrentin abzielender Name vermuten lässt.

Der Weg ist jung und zu Unrecht unbekannt, was zum Teil auch daran liegt, dass die gesamte Initiative fast ausschließlich von einem kleinen Kreis Ehrenamtler im Klosterverein Rehna ausgeht. Wobei diese nicht einmal selbst erfahrene Pilger sind!

Vor diesem Hintergrund finde ich das bislang Erreichte mehr als erstaunlich. Vor allem das Angebot und die Qualität der Pilgerherberge in Rehna verdienen Respekt und lobende Erwähnung. Und auch die herzliche Gastfreundschaft der ev. Kirchengemeinde Zarrentin durch Pastor Jürgen Meister ist für den müden Pilger wertvoll und sehr hilfreich.

Ob man das Klosterdreieck, so wie Kito und ich, en bloc oder aber, wie die geführten Pilgerangebote es nahelegen, in drei zeitlich getrennten Abschnitten geht, mag ein jeder für sich selbst entscheiden. Den Nonnenweg von Rehna nach Zarrentin empfehle ich jedoch unbedingt auf zwei Tage aufzuteilen. (Übernachtungsoptionen mit Voranmeldung sind in Klein Thurow, Groß Thurow und Lassahn verfügbar.) **Auch zum Fahrradpilgern ist das Klosterdreieck bestens geeignet!**

Ich kann mir auch sehr gut vorstellen, dass es sich für den einen oder anderen Pilger lohnt und anbietet, in den drei Kloster-Orten jeweils einen Ruhe- und Besichtigungstag einzulegen. Von Rehna ist mir dies von früheren Pilgern bekannt.

Prinzipiell kann man diesen Weg ganzjährig gehen. Wer ihn sich jedoch aufteilen möchte, ist in den Sommermonaten eindeutig besser dran, weil er auf dem Nonnenweg in Groß Thurau sowie auf dem Bischofsweg auf den Campingplätzen zwischen Seedorf und Salem eher Unterkünfte finden wird als außerhalb der Saison.

Was die Infrastruktur angeht, die ja in allen drei Klosterorten gut vorhanden ist, so ist das Klosterdreieck keineswegs schlechter als andere Pilger- bzw. sogar Jakobswege. Ich denke da an Berlin – Wilsnack (mit zweimal jeweils 40 Kilometer ohne Einkaufs- und Einkehroption), an den Dithmarscher Jakobsweg, den Jacobusweg Lüneburger Heide oder die Via Colonia durch die Eifel von Köln nach Trier.

Wegezeichen zwischen Schlagsbrügge und Dechow im Mittelabschnitt zwischen Ratzeburg und Rehna

Die Wegfindung ist mit downloadbarer Kartenskizze und dazugehörigem Text sowie mit Track gut machbar, wobei letzterer zur Absicherung durchaus nützlich ist. Da jedoch hier und da bei spärlicheren Markierungen Unsicherheit aufkommen kann oder der eine oder andere Abzweig schlechter zu finden ist, fand ich es sehr hilfreich, auf den Track zugreifen zu können, was ich allerdings erst am dritten Tag vermehrt genutzt habe.

Was ich mir auf diesem Weg mittelfristig noch wünsche, sind eigene Pilgerpässe (oder die Ausgabe der Pilgerpässe der Nordkirche in allen drei Orten), Pilgerstempel (sei es als Liste geeigneter Lokalitäten oder als Aufkleber mit Stempelabdruck in Boxen an definierten Kirchen) sowie aktuelle Gastronomie- und ebensolche Unterkunftslisten mit pilgerfreundlichen Angeboten zum Download. Dies alles erfordert jedoch jede Menge ehrenamtliche Mühe und Arbeit und benötigt daher seine Zeit und gutwillige Unterstützer zur Umsetzung.

Pilgerurkunden gegen einen entsprechenden Obulus nach Einsendung des Pilgerpasses in Kopie wären ein zusätzlicher Luxus.

Für mich war dieser Pilgerweg auf dem Klosterdreieck eine Bereicherung und ein überschaubar langer Weg, den ich mich vorstellen kann, auch in Zukunft noch das eine oder andere Mal zu pilgern.

ÜBER DEN AUTOR

Christian Hottas, Jahrgang 1956, lebt seit 1979 in Hamburg, wo er seit 1993 als Facharzt für Allgemeinmedizin mit den Zusatzschwerpunkten Sportmedizin, Chirotherapie und reisemedizinische Beratung niedergelassen ist. Während seiner Sportmedizin-Weiterbildung lief er im April 1987 in Hamburg seinen ersten Marathon und im Juli 1987 in Karlsruhe seinen ersten Ultramarathon.

Im August 2005 absolvierte er seinen 1000. Lauf über mindestens Marathondistanz, im Mai 2013 seinen 2000. und im Juni 2021 dann seinen 3000. derartigen Lauf. Seit August 2011 führt er die „World Megamarathon Rankings" (Weltrangliste der Marathon-Vielfach-Finisher) mit inzwischen großem Vorsprung an.

Zum Pilgern kam er erst im Herbst 2018, als er mit seiner heutigen Lebensgefährtin Christine Schroeder seinen ersten Jakobsweg, den Camino Inglés, ging.

Zunächst pandemiebedingt, konzentrierte sich sein Pilgerinteresse seit 2020 auf deutsche Pilgerwege, wobei ihn insbesondere weniger bekannte Strecken faszinieren. Seit Sommer 2021 ist auch Familienhund Kito (Pinscher-Mix, Jahrgang 2019) mit Begeisterung dabei.

Seither hat es für Christian auch keinen Pilgertag ohne Kito gegeben. Kito ist Pilger durch und durch und Christians zuverlässiger Begleiter und Beschützer. So kompliziert Pilgern mit Hund anfangs schien, so sehr ist jetzt, da Kito und seine Menschen immer besser aufeinander eingespielt sind, Pilgern <u>ohne</u> Hund beinahe undenkbar.

Derzeit sind **<u>alle drei</u>** – Christian, Christine und Kito – als Jakobspilger von ihrem Zuhause in Hamburg nach Santiago de Compostela unterwegs. Bremen und Wildeshausen (Herbst 2021), Osnabrück, Münster, Herdecke (Frühjahr 2022), Köln und Trier (Herbst 2022) sowie Vézelay (Herbst 2023) haben sie bereits erreicht und damit etwa die erste Hälfte dieses Projekts gemeistert. 2024 werden alle drei auf der Via Lemovicensis und 2025 auf dem Camino Francés unterwegs sein.

Kito und Christian sind zudem noch **<u>zu zweit</u>** auf einer anderen Route von Hamburg nach Aachen unterwegs und haben dabei über Soltau,

Mariensee, Loccum und Minden, Bielefeld und Soest bis April 2024 Werl erreicht. Von hier soll es 2025 weitergehen.

Auf der VIA ROMEA GERMANICA, einem Pilgerweg von Stade nach Rom, der dem Rückweg-Route einer Dienstreise des Stader Abtes Albert 1236/37 folgt, sind **beide** im Frühjahr und Sommer 2023 von Stade bis nach Nordhausen gegangen.

Kito und Christian auf der Via Romea im Sommer 2023

ERLEBNIS-/PILGERBERICHTE DES AUTORS

Camino Inglés – Schnupper-Pilgern von Ferrol nach Santiago de Compostela (Band 1, gegangen 2018, erschienen Herbst 2023, ISBN: 9 783758 308581)

Hümmlinger Pilgerweg – Von Stein zu Stein Pilgern im Emsland (Band 2, gegangen 2020, noch in Vorbereitung)

Sigwardsweg – Pilgern von Minden nach Idensen und zurück (Band 3, gegangen 2020, noch in Vorbereitung)

Mittelalterlicher Pilgerweg von Berlin nach Wilsnack – Pilgern mit Hund in Brandenburg (Band 4, gegangen 2021, erschienen Herbst 2023, ISBN: 9 783758 308550)

Annenpfad – Kurz-Pilgern in der Prignitz (Band 5, gegangen 2021 & 2022, erschienen Herbst 2023, ISBN: 9 783757 882525)

Jacobusweg Lüneburger Heide von Hamburg & von Lüneburg nach Kloster Mariensee – Jakobspilgern mit Hund und 9-Euro-Ticket (Band 6, gegangen 2022, erschienen Ende 2023, ISBN: 9 783755 739562)

Dithmarscher Jakobsweg – Pilgern mit Hund auf der Westküstenroute der Via Jutlandica (Band 7, gegangen 2022, erschienen Herbst 2023, ISBN: 9 783757 884147)

Jakobspilgern mit Hund von Hamburg nach Santiago de Compostela (I) – Teil 1: von Hamburg nach Trier –Via Baltica, Osnabrücker und Bergischer Jakobsweg sowie Via Coloniensis (Band 8, gegangen 2021-2022, erscheint Ende 2024)

Pilgern mit Hund von Hamburg nach Aachen (Band 9, gegangen 2022-2025, noch in Vorbereitung)

Via Romea Germanica (I) – Rom-Pilgern mit Hund, Teil 1: von Stade nach Nordhausen (Band 10, gegangen 2023, erschienen Januar 2024, ISBN: 9 783758 312854)

Jakobspilgern mit Hund von Hamburg nach Santiago de Compostela (II) – Teil 2: von Trier nach Vézelay – zwischen Via Coloniensis und Via Lemovicensis (Band 11, gegangen 2023, erschienen Februar 2024, ISBN: 9 783758 338267)

Klosterdreieck Ratzeburg – Rehna – Zarrentin: Pilgern mit Hund rund um den Schaalsee und über die einstige innerdeutsche Grenze (Band 12, gegangen April & Juni 2024, erschienen August 2024, ISBN: 9 783759 769657)

Europäischer Zisterzienser Weg durch die UNESCO-Biosphärenreservate Schaalsee und Elbe – Pilgern mit Hund von Rehna nach Lauenburg (Band 13, gegangen Juni 2024, erscheint Herbst 2024)

Nordsee-Pilgerweg in Nordfriesland – Pilgern mit Hund von Lunden nach Tønder bzw. Løgumkloster (Band 14, gegangen Juli 2024, erscheint Herbst 2024)